葬送の倫理

〈新装復刊版〉

久野 昭

紀伊國屋書店

目次

I　常　世

1

明治四十四年六月『尋常小学唱歌㈡』に「浦島太郎」が収められた。この文部省唱歌の歌詞は次のとおりである。

昔々浦島は　助けた亀に連れられて
　竜宮城へ来てみれば　絵にもかけない美しさ。
乙姫様の御馳走に　鯛や比目魚《ひらめ》の舞踊
　ただ珍らしく面白く　月日のたつのも夢の中《うち》。
遊びにあきて気がついて　お暇乞《いとまごい》もそこそこに

帰る途中の　楽《たのしみ》は　土産《みやげ》に貰った玉手箱。
帰って見ればこは如何に　元居た家も村もなく
路に行きあう人々は　顔も知らない者ばかり。
心細さに蓋とれば　あけて悔《くや》しき玉手箱
中からぱっと白烟　たちまち太郎はお爺さん。

ここで歌われている浦島伝説の起源はかなり古い。いま、この歌詞と対照させて、『万葉集』巻九の「水江の浦島の子を詠める一首幷に短歌」を引いておく。（引用は岩波文庫版『新訂新訓万葉集』に拠る。）

春の日の　かすめる時に　住吉《すみのえ》の　岸に出でゐて　釣船の　とをらふ見れば　古《いにしえ》の　事ぞ思ほゆる　水江《みづのえ》の　浦島の児がかつを釣り　鯛釣りほこり　七日まで　家にも来《こ》ずて　海界《うなさか》を　過ぎてこぎ行くに　海若《わたつみ》の　神の女《をとめ》に　たまさかに　いこぎ向ひ　あひとぶらひ　こと成りしかば　かき結び　常世《とこよ》に至り　海若《わたつみ》の　神の宮の　内の重《へ》の　妙なる殿に　たづさはり　二人入りゐて　老もせず　死もせずして　永き世に　ありけるものを　世のなかの　愚《おろか》人《びと》の　吾妹子《わぎもこ》に　告《の》りて語らく　しましくは　家に帰りて　父母に　事も告《の》らひ　明日のごと　吾は来なむと　言ひければ　妹がいへらく　常世《とこよ》べに　また帰り来て　今のごと　あはむと

むとならば　このくしげ　開くな勤《ゆめ》と　そこらくに　堅めし言を　住吉《すみのえ》に　還り来りて　家見れど　家も見かねて　里見れど　里も見かねて　怪しと　そこに思はく　家ゆ出でて　三歳《とせ》の間《ほど》に　垣も無く　家滅《う》せめやと　この筥《はこ》を　開きて見れば　旧《もと》のごと　家はあらむと　玉くしげ　少し開くに　白雲の　箱より出でて　常世《とこよ》べに　たなびきぬれば　立ち走り　叫び袖振り　こいまろび　足ずりしつつ　たちまちに　情消失《こころけう》せぬ　若かりし　膚《はだ》もしわみぬ　黒かりし　髪も白《しら》けぬ　ゆなゆなは　気《いき》さへ絶えて　後《のち》つひに　命死にける　水江《みづのえ》の　浦島の子が　家地《いへどころ》見ゆ

反歌

常世《とこよ》べに　住むべきものを　劔刀《つるぎたち》
己《な》が心から　鈍《おそ》やこの君

これを読んだあとでふたたび文部省の唱歌「浦島太郎」の歌詞をみると、この唱歌の、児童のための唱歌というにしてもどうもあっけない、ものたりない調子はどうだろう。なるほど動物報恩譚をも含めてひとつの物語にはなっているが、それ以上のなにがあるだろう。現世《うつしよ》と常世《とこよ》をゆれうごく浦島子の心さえ、霧散してあとかたもなく、この伝説を聞きもし語りもした古人の情《こころ》も無残に断ちきられてしまっている。『尋常小学読本㈢』の「ウラシマノハナシ」も同様である。

こんなしろものとはちがったところに、浦島の話の世界はあるのだ。その世界に入っていく手掛りとして、いま引いた『万葉集』の歌を採ってみたい。

まず気のつくことは、住吉《すみのえ》の里と常世とでは時間のたちかたがまるでちがうことである。住吉に戻った浦島子は、三年のあいだにどうして垣もなく家も消失《けう》せるようなことがあろうかと、いぶかる。しかし、この三年という歳月は現世の住吉の里での三年ではなく、現世では、かつて若々しかった膚もしわみ髪も白けて老い朽ちていくだけの時が流れていた。常世ではわずかな期間に思えても実は現世では多くの時が流れていたというのが、ひとりこの伝説のみでなくて、他界を特色づけるひとつの要素になっている。たとえば田道間守《たじまもり》伝説(1)がそうだし、リップ・ヴァン・ウィンクル伝説(2)がそうだ。時間が異質であることが、世界が異質であることのひとつの象徴である。浦島伝説は、この異質な二つの世界にまたがった男の話である。

しかし、住吉の里が現世であるなら、なぜその現世に戻ったとたんに浦島子は白髪にならなかったのか。箱を開いてはじめて若々しい膚がしわみ黒々とした髪が白けたのはなぜか。その秘密は箱のなかになければならない。常世にまた帰ってきていまのように逢うつもりなら開いてくださるなと、かたく言われた以上、この箱を開かないことが常世に帰る資格であった。つまり、これを開かないことによって浦島子は常世の住人としての資格をもちつづけている。ひとたびわたつみの神の宮にあった彼は、住吉に戻ってきてもまだ常世人としての資格をもち、若々しい膚、黒々とした髪をもっている。その資格が失われるのは、白雲が箱から出ていくことによってである。その白雲は一体何なのか。その白雲が出てきてたなびく箱はこの歌では「くしげ」と呼ばれてもいるが、それはただの櫛の容器ではないし、あとの「玉くしげ」は「開く」にかかる枕ことばととった方が自然であり、やはり問題はこの箱の中味ということになろう。中味は櫛ではなく白雲であり、その白雲は常世の方向にたなびいていく。その雲をとめようとして走り、叫び、袖を振り、ころげまわり、地だんだをふんでも、もうとめることはできない。白雲のおもむく先は常世だが、では逆に、常世におもむくべきものは何なのか。

なぜ、こんな問いかたをするかといえば、私は浦島子が箱を開いて老死するこの部分を、ただの宝物物語、見るなとの禁忌をおかした罰のあたるという宝物物語とは思っていないからである。この浦島伝説は『日本書紀』雄略紀や『丹後風土記』にもあって、かなり古い起源をもつと思うが、それだけに伝説自体にいろいろのモチーフが入ってきた、そして、あげくには国定教科書風の味もそっけもないものになりさがったのが、いかにも惜しい。

さて、『万葉集』のこの歌ではそう呼ばれていないけれども、白雲の出てきた箱がひろく玉手箱、玉匣《たまばこ》と呼ばれていることに注意したい。玉手箱とは一種の魂匣《たまばこ》ではなかったか。

魂匣に木綿とり垂でてたまちとらせよ

み魂《たま》かり　たまかりましし神は　今ぞ来ませる

『日本文学の発生序説』のなかで、折口信夫はこの歌を引いて、鎮魂祭儀について語っている。「鎮魂祭儀には、たまのをと称へる緒で幾ところも結《ゆは》へた、魂匣といふ聖なる器を揺るのである。さうする間に、御魂は微妙に発動して、完全に聖なる御身に入り鎮るとした。其たまのをの木綿《ゆふ》をつけた魂匣を揺りながら、御魂の自在なる発動を促してゐる。かくすれば、一度御身を離れて行つた所の御魂も再、新に聖なる力を持ちて、より来給ふものと信じてゐたのである。」

つまり、たまふりの器具だが、いまこの浦島伝説との関連においては、たまふりという呪術的行為ではなく、魂匣の魂《たま》がたまふりのたまに通じること、つまり魂匣がまさに魂《たま》の匣であることに注意すればたりる。そして、もし玉手箱が魂《たま》の箱なら、そこから出てきて常世にたなびいていく白雲は魂《たま》の具象化でなければなるまい。魂《たま》が常世の国に去ってしまうことによって、浦島子は常世人の資格を失い、現世にとり残される。現世の人間に戻ったからには、現世の時間の制約は容赦なく彼に襲いかかる。膚はたちまちしわみ、髪はみるみる白け、ついに死ぬのは当然なのだ。それに、現世の人間に戻ったとたんに白髪になるという考えかたは常識的にもそう突飛でないのかもしれない。柳田国男は『妹の力』のなかで神に仕える巫女の問題を扱いながら、ある老婆から聞いたこんな話を書きつけている。のちに触れるが、巫女は巫《かんこ》である限り常世人の資格をもっていたであろう。

鹿島さまのおめかけになると、いつ迄も十七の姿で居たってなァ。
それで鹿島様からおひまが出ると、急に五十にも六十にもなって、
歯がすっかりかけたり白髪になったりしたってなァ。

それでは、白雲として常世にたなびいていく魂は、どのようなものか。土橋寛は『古代歌謡と儀礼の研究』のなかで、こう解釈する。「浦島子が神女から授かった魂筥を開いた時、中からゆらゆらと立昇って飛び去った白雲または煙のようなものは彼のタマであるが、その結果彼は白髪の老翁となってしまったのは、タマが霊魂というよりも、むしろ生命力であることを物語るものといえよう。」だがまた、「浦島子の場合、玉匣の中から立昇った白雲（または煙）は、その結果彼が白髪の老翁になったという点から見れば、生命力としてのタマの姿と見なければならないが、匣の中から遊離して行ったという点からすれば、遊離魂の観念も含まれていることは否定できない。元来生命力ないし身体霊としてのタマは、次第に衰えて行ってその極点に死が訪れ、死と共にタマも亡びるのに対して、遊離霊としてのタマは遊離と同時にその人の死をもたらし、タマ自身は死後も生き続けるのであるが、浦島子の話は前者の観念を主としながらも、後者の観念をも

含んでいる。」

私自身は、浦島子が白髪の老翁になったのを、第一に彼が常世人としての資格を失い現世の時間の制約のなかに戻ったためとみるが、それを、現世では彼の生命は尽きていたのだ、現世ではもはや生命力としての彼の魂は彼のもとにとどまりえなかったのだ、だから彼を離れた魂《たま》が常世にむかって遊離していったのだというようにとれば、この土橋説をうけいれることができる。いわゆる鎮魂儀礼のたまふりのたまが生命力としての魂《たま》に近く、従って魂匣の魂《たま》も同様に考えていいし、この箱から出た白雲の行方が常世であり、そこが老いもせず死もせずして永き世にある恒常の国なら、かえってよけい一種の生命力ということもうなずける。だが、死とともにその生命力としてのたまが亡びるとしてしまうと、白雲が常世べにたなびいていくのはおかしい。とすれば、生命力か遊離霊かという一種の択一はここでは通用しまいし、土橋自身も「生命力ないし身体霊と遊離霊とは、別個の観念でありながら相接する面もあるのであって、両者の接触・混淆の架橋になっているのは気息霊である。気息は雲や煙と共に、生命力（身体霊）の可視的な姿と考えられているが、気息が口から出ることは、タマの遊離とも見られるからである」と言い、すぐつづけていま引用した浦島子の場合の白雲の解釈に移っていくのだが、いまここでは気息霊というような表現はともかくとして、魂匣から出た浦島子の魂《たま》が、現世の人間としての浦島子は死んでも、彼から遊離して常世で永き世を送ることは想像できる。

話がやや横にそれるようにもみえるが、古代ギリシア語のプシュケーのもとになった動詞のプシュケインは、呼吸することを意味していて、ホメロスの用語法をみると、プシュケーは一種の呼気として生命を象徴している。それは最期の呼気とともに、体外に出て冥界におもむく。だから、現世での死とともに亡びるわけでもない。そういうものとして、この浦島子の玉手箱の中味をうけとることはできまいか。むろんプシュケーがそうであるように、魂《たま》もやがて遊離霊としての性格を強め、宗教的な霊魂観念になってくるし、そうなると魂《たま》の行方である常世自体も宗教的色彩を帯びてくるのだが、浦島伝説の常世はまだそこまではいっていない。大陸的な神仙境の観念が入ってはいようが、陰湿な死霊の国というより、海界《うなさか》をすぎたところにある明るい世界であった。古人は、そういう常世を発想しえたのである。ここでふたたび折口信夫を引きあいに出すが、『妣が国へ・常世へ』で彼は、「とこよなる国の用語例は、富みと長寿との空想から離れては、考へて居られない様である」と言い、『古代生活の研究』でも「常世の国は、記録の上の普通の用語例は、光明的な富みと齢との国であった」と述べる。もっとも、彼は長寿より富が先立つとの見解をもっているが、その点にはここで触れる要はあるまい。常世の「とこは絶対・恒常或は不変の意である。「よ」の意義は幾度かの変化を経て、悉く其過程を含んで来た為に「とこよ」の内容が、随つて極めて複雑なものとなつたのである。」

魂のつどう他界を地底深くの黄泉ととるのは、どうも比較的後代のことであるらしい。この他界はまた根の国とも呼ばれるが、それも根という漢字が連想させる地底の暗黒の世界ではなかったようである。この点については柳田国男が『海上の道』のなかで「ネノクニという我邦固有の大切な言葉に、やや無造作に漢字の根を当ててしまつた結果」だと言い、「我々のいはゆる根の国は、もつと安らかな、此世の人の往つたり来たりまでが、曽ては可能と考へられた第二の世界であつた」と述べている。そして、沖縄那覇のネグニ拝みに触れながら、「ここで根といふのは勿論地下ではなく、たとえば日本の前代に大和島根、もしくは富士の高根といふネと同じく、又此島で宗家をモトドコロ或はネドコロといつたやうに、言はば出発点とも中心点とも解すべきもの」だと指摘している。折口信夫も六月晦大祓の詞を引きつつ、「日本の宗教が神学体系らしいものを持つて後も、根の国を海に絡めて言つて居るのは、唯の平地や山辺から入るものとし、単に地底とばかりで、海を言はぬ神話などよりは、形の正しさを保つて居るもの と言ふ事が出来る」、「何にしても、出雲びとも、大倭《やまと》びとも海と霊冥界《かくりよ》とを聯絡させて考へて居たと思ふてもよい様である」と主張する。そういう根の国が浦島子の箱からたなびく白雲の里ではなかったか。現世の人間としての彼の里は水江《みづのえ》でも、常世の者としての浦島子の里はこの永き世にある妙なる里である。かりにこの伝説を悲劇としてみたてるなら、それはこの二つの異質の里のどちらにも惹かれた男の悲劇ともとれようが、しかし『万葉集』のこの歌は悲劇としてみたてるにはあまりののどけさをともなっている。春の日の霞のなかで伝説を語る口調には、きりきりと突きつめたものはなく、白雲をとどめようとする浦島子の姿も真剣ではあるが、いわゆる悲劇の登場人物の姿ではない。そこには、語られている浦島子と語っているこの歌の作者とこの歌を聞く者をすべてひっくるめた、ひとつの気分がある。作者自身、おそらくは渚で常世波の打っては帰すのを霞のなかにみながら、熱っぽくもないが冷やかでもない情《こころ》のまなざしを失っていない。このおおらかさを失うべきでなかった。国定教科書流のぎすぎすした文章となって、うるおいを失ってはいけなかった。

2

浦島伝説の場合は常世は不老不死の仙境であったけれども、常世に古くは常夜の意味もあったことはたしかだと思う。だが、むろん早まって地底の世界とのみとってはいけない。ここで、多くの民族の宇宙開闢神話で、闇のなかに光がさすことによって闇のなかでうごめいていた鬼が放逐され、天と地が分離していくことに注意したい。私は元旦の明けましておめでとうという祝詞は、ただ年のはじめということでなくて一種の神話的祖型の反復だと解している。明けましてということは、宇宙開闢のとき闇の世界が明るくなって天地が開けていく、その明(開)けましてなのだし、初日の出を拝むのもその日の出の光が鬼を追いやり天地を分けた宇宙最初の光と同質だからだ。それまでの闇の世界に近いものとして、常夜ということをうけとりたい。そううけとっていいと思う。そこには光はなく昼はなく、ものみな定かならぬ状態で鬼がうごめいていた。もちろん鬼は当て字であり、おにには古くはおんであり眼にみえぬ存在だった。と言っても、天地創造神話のとりわけ鬼には、のちの世の鬼の観念の投影もあろうし、常夜が死霊とはっきり結びつけられたとき、そこには後代のさまざまな考えかたが入ってきたであろう。常夜のありどころについても同様である。それでも、ときたま現世をまれびと(3)として訪れる祖霊の里、また鬼霊のうごめく世界に、天地開闢に先立つ常闇の世界と本質的に通じあうものがあることに、ここで注意しておきたいのだ。

鬼やらいの行事は新年と無縁でないが、その新年が天地創造神話につらなる要素をもつとすれば、鬼やらいの行事での鬼の追放は、宇宙開闢のおりのはじめての光が鬼を追いやったことの再現ではなかったろうか。鬼は夜明けの光を感じて姿を消す。そうでなければ、本来のおんとしての性格は失われるであろう。西洋の魔女の夜宴が鶏啼とともにぴたりと終るように、日本の鬼も一番鶏の啼くのを聞いて退散する。いや、鬼だけでなく、神々にもまたそのような約束はなかったろうか。光とともに現象の世界が開けるなら、現象ならざる霊的なものは光に背をむけなかったであろうか。

私たちの国の伝承の世界で夜と朝の境目のもつ特殊な性格について、益田勝実が『火山列島の思想』で次のように指摘している。「わたしたち日本人の脳裏では、実に永い間、闇の夜と太陽の輝く朝との境に、なにか特別な、くっきりした変り目の一刻があった。異変がおきるのは、いつもその夜と朝のはざま、夜明けの頃でなければならなかった。」「夜が明ける――伝承の世界では、それはずっと後世までも、単なる時間の推移ではなかった。第一に、それは鬼の退場の時刻であった。」「第二に、一度夜が明けたら、かれらのやりかけた仕事はそこで停止してしまわねばならない。それは、それ以後の継続も許されないし、やり直しも決して認められないのである。」「夜から朝へ、朝からまた昼・夜へと時間は流れていくであろうに、この夜明けの境界線での中絶は再興が許されない。永遠の凝固が見舞う。時間はそこで立ち止まるのである。」「夜明けという、夜と朝の間を断つふしぎな断絶のクレバスの底知れない深み。――そこではどのような魔力ある者のやりかけの仕事も、すべて停止するばかりか、一瞬にしてそのまま岩となり、山となる――これが第三の約束事である。」では、なぜ、このようなことがおこるのか。それは鬼が常夜の住人だからではないのか。

　ここでも、漢字にまどわされてはならない。おには、古くは、漢語の鬼とちがった意味内容をもっていたはずだからである。漢語の鬼は帰に通じる。たとえば「精神形を離れ各其の真に帰す。故に之を鬼と言う。鬼は帰なり。其の真宅に帰するなり」（『列子』）とか、「衆生必ず死す。死すれば必ず土に帰す。此を鬼と謂う。」（『礼記』）もっとも、この『礼記』の「死すれば必ず土に帰す」という表現は中国大陸の土葬慣習を背景にしてうけとるべきで、その土をただちに『列子』のいう「真宅」ととることはできないが、どこに帰るにせよ、ともかくどこかへ帰る死霊を鬼とみたことは推測できる。その鬼がおにの当て字として用いられたわけだが、そこには中国大陸自体での死霊観念との絡みあいもあったろうし、儒仏の日本的受容と展開ということもあったろうから、鬼という漢字で表現されるおにが日本古来のおにといささか性格を異にしたものになっていることは、まず覚悟してかからねばなるまい。たとえば『源氏物語』の「いみじきあたを鬼に作りたりとも、おろかに見捨つまじき人の御有様なり」（「浮舟」）などにはかなり仏教臭さがあるし、いわんや人の形をしながら牛の角や虎の牙をもち裸体の腰に虎皮をまとった獰猛な鬼の表象を、仏教の夜叉や羅刹の観念とか、丑寅の方を鬼門とする陰陽道の俗信とから切りはなして考えることなど、どだい無理な話である。しかし、例の『出雲風土記』の一つ目の鬼から奈良時代の疫鬼や餓鬼に、さらに平安時代の赤鬼や青鬼のたぐいに、そしていま触れた牛角虎皮の鬼へと次第に変貌を重ねてきた鬼の観相学的な歴史を、その背景をなす社会や思想と結びつけつつ辿ることが、いまここでの目標ではない。ここでは、そのように具象化された鬼でなく、むしろ具象化に先立つおにが問題なのである。

　その場合、おにの語源も問題になろうが、この点についてはいくつかの説がある。たとえば高楠順次郎は上田万年他四氏共編の『日本外来語辞典』（大正四年）のなかで、古くはおにという語がなかったこと、みなものと呼んだことに注意し、「隠や陰の字音の転というは誤なり」として「怨《オン》なるべし、怨霊などいえり」と述べているし、松村任三は『溯源語彙』（大正十年）のなかで、おには「魍 on. an undine or nyx」から出たとしている。だが、最もひろくおこなわれているのは、やはりおにが隠《おん》に由来するという『倭名抄』流の解釈であろう。応仁の乱のころ世に出た『揚子漢語抄』にも「鬼。於爾。案字園云、隠之字之響声。而隠者、加久礼古毛礼流之義也」とあるし、徳川幕府初頭のころの『和名類聚抄』にも「人鬼。周易云、人神曰鬼。和名於爾。或記云。於爾者、隠音之訛也。鬼物隠而不欲顕形故以称也」とある。大槻文彦の『大言海』（昭和七年）も鬼を隠の字の音に由来するとする『倭名抄』の解釈を引いて「古言に、みたま又はものと言うものなり」としている。荒川惣兵衛の『外来語辞典』（昭和十六年）でも新村出の『広辞苑』（昭和三十年）でも、おには隠と結びつけてうけとられている。こうしてみると、おにがおんから出たという点ではあまり異論はなさそうであるし、そのおんが隠であり怨であれ魍であれ、一般におんと呼ばれるものが人間には日常みることのできない存在、その意味でのものであるという点でもさしたる反論はなさそうである。

　ところで、おにがものだというのは決して概念のすりかえではなく、むしろ逆であって、古くはおにがものと呼ばれていたのである。『大言海』にも「人にまれ、何にまれ、魂となれる限り、又は、霊ある物の幽冥に属きたる限り、其物の名を指し定めて言わぬを、「もの」と言うより、邪鬼と訓めり、又、目に見えぬより、大凡に、鬼を「もの」と言えり」とある。そして、元来ものであるおにには当然眼にみえないことを特徴とし、その限りあくまでも一種神秘的な存在だった。神秘的ということには秘すという概念が含まれているが、神秘的に相当する西欧系のことば(mystical, mystique, mystisch など)にも同じ概念が含まれている。それはギリシア語のミュエインに由来し、このギリシア語は神聖なもの、霊的なものに対して眼や口を「閉じる」ことを意味していた。それに対してとやかく語ることをはばかるべき不可視の存在が、ギリシアではミュスティコスと呼ばれ、日本ではものと呼ばれたのであった。

　おにの実体は眼にみえない。ただおにの力の結果だけが常識では割りきれない異様な現象として眼にみえる。いや、と言うよりもむしろ逆に、常識では割りきれない異様な現象を前にしたとき、その背後に、そのような現象をひきおこすものとして、おにが想定されたのであろう。従って、おには不気味なものであり、また不気味なものがおにとして意識される。それは不可視の存在であるがゆえに、恐怖の対象であるよりは、人間に不安を抱かせる存在であった。だから、鬼の具象化には人間が不安を恐怖にすりかえようとする一種の自己防衛の姿勢もあったように思う。

　呪術的な思考の段階では、と言っても今日もなおその段階からさほど遠くへだたっているとは思えないのだが、生きている者にいつ災厄をもたらすかわからない不気味な存在のひとつに、死者の霊魂があった。洋の東西を問わず死霊を祀ることがおこなわれてきたのも、ひとつにはここにもそのゆえんがあったろう。つまり、霊が祟ることを避けんがための死者への犠牲もあり、供物もあり、祈禱もあったろう。葬儀にも死者への敬意や追慕だけでなく、死霊を安んじさせてその祟りを封ずる意図も含まれていただろう。それでもなお死者の怨霊がこの世への執着を断ちきれぬとき、このおにがたとえばもののけとして祟りをなす。のちの時代になってさらにそれが視覚化されたとき、私たちはうらめしげにどろんどろんと登場する幽霊に出遭うのだが、もののけは本来おにでありものの気配だから形はない。具象的な幽霊は人につきまとっても人にのりうつれないが、無形のもののけは人にのりうつること、「もののつかせ給へるか、うつし心もなく」(『大鏡』)なることが、つまりは憑くことが可能なのである。ここで幽霊ともののけの比較論を展開する気はさらにないが、ひとつ言っておきたいのは、もののけの方が非具象的であるだけに不安だし、その不安を除くためには幽霊の場合よりも余計な手続きを必要とする。もともと不可視であり気《け》であるもののけを「うつすべき人」とか「よりまし」とか称される第三者に一時「かりうつす」ことで、これを「あらわす」という努力、「誠にこの物のけ現はるべく念じ給」(『源氏物語』「柏木」)うことが必要なのである。けれども、おにがもののけとなるのは平安時代初期以降で、はじめ自然の怪異な現象としてあらわれたものを陰陽寮が何某の怨霊の祟りと勘申することを重ねているうちに、藤原一門の政争や疫病の流行を背景にいつしか怨霊をのみさすものになってしまったらしい。しかし、もののけのものが古くは何某の怨霊というようなものでなくて、もっと普遍的ながら定かならぬ不可視の存在として不安を与える、だからこそたとえば「ものいみ」が要求されるような存在だったことは、たしかとみてよい。

ここでおにに話を戻すが、一月十四日午後から翌朝にかけて、長野県下伊那郡阿南町新野《にいの》の伊豆神社での雪祭の本行事として、夜《よ》っぴてさまざまな舞がおこなわれる。明けがたごろ、二・三匹の鬼が赤い衣裳をまとって登場、小槌や斧を打ちあわせつつ力足を踏む。この鬼どもはやがて神殿に進んで、そこで禰宜《ねぎ》との問答があり、問答に破れた鬼どもは「鬼さま負けてお帰りだ」との見物衆のはやし声にのって退散する。また、旧暦一月十八日の宵から翌朝にかけて静岡県磐田郡水窪町西浦《にしうれ》の所能山観音堂の前でかがり火に照らされて演じられる田楽の場合にも、鬼が禰宜との問答に破れて退散する所作があるし、旧暦一月七日夜に愛知県岡崎市常盤の滝山《たきさん》寺では、運慶作と伝えられる鬼面をつけた厄年の男三人が大松明をかざす白衣の若者たちに追いかけられる。旧暦二月十五日、愛知県豊橋市中八町の神明社の祭礼では、赤い衣裳をまとい撞木《とうぼく》を手にした赤鬼が天狗との問答に破れて、たんきり飴を撒きちらしながら町内を逃げまわる。これらの行事には追儺(4)と共通のものがみられるのだが、しかし、鬼はただ追われるだけであろうか。それほど現世の人にとって歓迎されざる存在だったろうか。これらの行事にしても、鬼に対して身ぶるいするような嫌悪や鳥肌立つような恐怖はなく、それを祭礼がたまさかの慰安でもあるからだと言ってしまえばそれきりだが、どうもそれだけではないようである。

十月二十八日、愛媛県宇和島近辺では宇和津神社の祭礼に巨大な牛鬼の怪物のなかに十人以上の人間が入りこんで、これをかついで家々をめぐっては祝儀をもらう。牛鬼が入口からのぞくと縁起がよいことになっている。また、旧暦一月十五日、秋田県男鹿《おが》半島一帯でおこなわれる「なまはげ」では、未婚の青年数名が一組になって、赤や青の鬼面をかぶり、片手に木製の銀紙貼りの出刃庖丁、片手に手桶や御幣などをもち、海草の簑をまとい、腰には神のしるしのしめをつけ、わらぐつをはいて集まり、日が暮れると山を下って家々をめぐる。鬼どもは女子供をおどかすが、主人は正装してこれを迎えて酒食を供える。これらの行事では鬼はむしろ歓迎すべき存在である。とりわけ「なまはげ」の場合、鬼が簑をつけたままで家のなかにあがりこみ正座につけられるところからみても、そこにはまれびととしての性格が認められる。そして、まれびととしての鬼に対しては、これを歓迎する気持と、歓迎はするが永く滞留されては困るという気持が絡んではたらくであろう。

愛知県北設楽《しだら》郡の各地の、もとは新年を迎える直前の冬祭だったかと思う花祭でも山見鬼（山割鬼）や榊鬼などが登場する。『北設楽郡史』のなかで三沢の花祭の記述の伝える榊鬼の登場ぶりは、こうである。

はんこん　たいおう　けんろう　じじん

（東西南北にこれを言う。）

へんべい

あん　うん　あば　うん　しゃり

（東西南北にこれを言う。）

そして榊鬼もどきの問答がはじまるのだが、ここで「へんべい」とは反閇《へんばい》のことで、踵で大地を踏みつける所作である。この「へんばい」について折口信夫は『山の霜月舞』のなかでこう述べている。「花祭りの中心になつてゐるものは色々あります。神楽と習合した事から一層複雑になつたのだと思はれますが、現在行はれてゐるものを見てゐますと、其最中心になつてゐるものは反閇です。三河ではへんべと言つてゐますが、此は、昔から、陰陽道の方でやかましい方式で行つてゐるのですが、反閇の本道の精神は、陰陽道でやるものではなく、その家の主人がやるべきものだつたのです。即、居所を離れる時に行ふ式で、天子から貴族・将軍・大名にまで及んでゐますが、いづれも其主人が行ふのがほんたうでした。後になると、主人がお出ましになる時、家来が掛け声をかけ、力足を踏みます。尊い人がお通りになるのだから悪いものに逃げよと予告をするのです。」「花祭りでは、此反閇を主に鬼が踏みます。此が一つの中心行事になつてゐるので、まう一つは、花の行事であります。」そして、山見鬼と榊鬼について、「花祭りでは、此二四の鬼が大切なものになつてゐます。其中最大切なのが、山見鬼です。此鬼が、鎮魂に来たしるしに反閇を踏む、其威力が村全体に及ぶと考えたのであります。」折口は榊鬼より山見鬼を高く買っているが、反閇という点では榊鬼も同様である。その反閇と鎮魂との結びつきだが、榊鬼は問答のなかで、「天をわたり地をわたり、山々たけだけをわたるさだひ子の神とは我等がことにさむろう」(『北設楽郡史』)と名のる。さだひ子の神つまり猿田彦[5]が田あそびの神楽によく登場し、しかもその田あそびの「あそぶ」が折口などの指摘するように古い用語例では「鎮魂をおこなうための舞踊」だったとすれば、よけいこの鬼と鎮魂との結びつきは否定できなくなってこよう。

　私たちの民族文化の伝統のなかで祭りに登場する鬼の性格にさまざまの要素が混じりこんで複雑なものになってしまったにしても、またその鬼が早々と退散させられるにせよ、賓客として歓迎されるにせよ、やはりもとは一種の霊力をもった尊い存在だったろうことは、推測できるのだ。そして、その鬼はつねの日には訪れはしなかった。鬼はまれびととして村里を訪れる一種の常世神に他ならなかった。鬼がはじめから神と対立するものだったら、反閇によって追いやられこそすれ、みずから反閇を踏むこともなかったであろう。まれびととして、ある特殊な機会に現世を訪れる常世の存在だからこそ、それは鎮魂とも結びつきえたのではなかったか。

　さて、夜明けの薄明に追い立てられるように鬼が姿を消す伝承の世界について、なぜ、このようなことがおこるのか、それは鬼が常夜の住人だからではないのか、そう私は問うた。鬼の実体が語るべきでない、みるべきでないものだとすれば、夜がほのかに明けそめるころ、定かならぬものが現象としての形をとろうとするころ、鬼は姿をくらまさねばならない。鶏啼は現象としての天地の、現象の世界の開闢の合図でもあろう。一番鶏が啼いたあとのしばしの静寂のなかで、ざわめきひとつ残すでもなくて鬼はふっと消える。天地がわかれてのちもなおどこかにあると、失われてゆく常夜の混沌を惜しむ情から信じたい、そういう世界にむかってである。その世界がどこにあるかを詮索するよりも、むしろ鬼がふっといなくなるその一種のいさぎよさを、藤原氏を頂点とする貴族政治の権謀術策の争闘のなかで陰陽道的な俗信と仏教的な三世因果観に毒されたもののけのおどろおどろしい執念のかなたに、みるべきだと思うのだ。常世への旅立ちとは、もと、そういうものではなかったろうか。鬼の祟りがこわいというのは現世の言い分である。旅立つ者にすれば、別にうらめしいでもなく、やりかけた仕事もそのままにふっとこの世界からかき消える。時間はそこで静止する。それだけのことではなかったか。きりきりと歯がみするような口惜しさが退場後も現世に絲を引くようになったのは、後代の死霊観の変移と結びついてのことではなかったか。

　この鬼の退場の時刻に関してふたたび益田勝実の『火山列島の思想』を引きあいに出すが、「わが国の原始のつねの日々の、夜の具体的な個性は、いまのところ推測のいとぐちもないが、ものの日の夜が〈聖なる半日〉であり、その神聖な半日と白昼の間には、劇的な神々の退場がくりかえされたらしいことだけは、考えてみることができる。ずっと後々までも、祭の夜の神々の退場の時刻は、つねに劇的であった。」「日本の神々は、どうも、夜のひき明けを待たずに退場しなければならないのが、伝統的なものの日のしきたりではなかったかと、考えられる。神祭の日々である祭の季節にあっても、一日一日の夜と朝の間には、神々降臨の時間と人間たちの生活の時間のけじめがあり、その神聖なるはじめの祭の半日と次の半日との間に、しっかりとした境界線が作られていたようである。人々の心の中には、時間はそのようなしくみで横たわりつづけ、その時間のしくみが人々の想像力の展開のしかたをまた規定していったのではなかろうか。」

　いまこれを引いたのは、鬼の退場する時刻がものとつねとの境目、神聖な時間と世俗の時間との裂け目であることに注意したかったからだが、実は私はこのつねに対するものとおにの実体としてのものとに本質的に共通する要素を考えている。つまり、鬼はそれ自体ものだからこそ、もの日の終ろうとする時刻、つねの日常的配慮の世界のふたたび訪れようとする時刻にかき消えるのだということを、私は指摘したい。常世とはそういうものの世界であり、そういうものの時間ではなかったろうか。それはいわば非日常性を本質的特徴としてもっていて、日常的な世界や日常的な時間をもってしてはおしはかることのできない、だからこそ、それに対しては現世においてさえ非日常的な心構えの要求される、そういう性格のものではなかったろうか。祭祀というものが要求するのも、そうした心構えだったはずである。

3

天地《あめつち》初めて発《ひら》けし時、高天《たかま》の原に成れる神の名は、天之御中主神《あめのみなかぬしのかみ》。次に高御産巣日神《たかみむすひのかみ》。次に神産巣日神《かみむすひのかみ》。この三柱の神は、みな独神《ひとりがみ》と成りまして、身を隠したまひき。

次に国稚《わか》く浮きし脂の如くして、海月《くらげ》なす漂へる時、葦牙《あしかび》の如く萠え騰《あが》る物によりて成れる神の名は、宇麻志阿斯訶備比古遅神《うましあしかびひこちのかみ》。次に天之常立神《あめのとこたちのかみ》。この二柱の神もまた、独神と成りまして、身を隠したまひき。

これは『古事記』本文冒頭のいわゆる別天神五柱の段である。（引用は岩波文庫版に拠る。）天地創造神話としては低湿地で葦が萠えあがる新春のイメージが先に立つのが自然だし、そこから最初の神として宇麻志阿斯訶備比古遅神が出てくるのならわかる。また、国民の大多数の始源神であった国之常立神が先行するのならわかる。それなのに皇室と同じ種族文化圏内の少数の司祭者集団の信じていたにすぎない天之御中主神が始源神とされているのはなぜか、それについて私は『歴史哲学叙説』のなかで、高天の原、天之御中主神、天照大神という天の中心を垂直にさがったところ、いわば天地の軸、だから大地の中心に皇室を位置づけることによって皇室が国民の中心であることを正当化しようとする皇統譜の意図を指摘した。おそらく、この垂直の天地の軸をさらに地底深くくだっていったところに根の国を想定することもできよう。だが、すでに触れたように、そのような常世が私たちの祖先の本来の常世ではなかった。常世を地底の国としかみないのは、よほどかたくなな発想の持主である。浦島子の常世は地下だったか。まれびととして村里を訪れる鬼の里は地下なのか。

右の別天神五柱の段は神話への政治の介入のひとつの証左だと思うのだが、そこでの宇麻志阿斯訶備比古遅神の説明だけがひときわ美しい。同じように高天原系神話と混淆させられながらもなお一種独特のおおらかさをたたえている出雲系神話の神々のひとりに、少名毘古那神《すくなびこなのかみ》がある。

大国主神、出雲の御大《みほ》の御前《みさき》に坐《ま》す時、波の穂より天《あめ》の羅摩船《かかみぶね》に乗りて、鵝の皮を内剝《うつはぎ》に剝ぎて衣服《きもの》にして、帰《よ》り来る神ありき。

こう『古事記』はこの神の訪れを伝えている。この神は大国主神に協力して国作りをすませると、ふたたび常世に去っていくのだが、常世波にのってこの神をはこんできた羅摩とはガガイモ科の蔓草で、その果実は莢《さや》になっていて割ると小舟の形をしている。また、この神の名を大国主神に教えた崩彦《くえびこ》とは案山子《かかし》の擬人化である。そこからみても、この神が農耕民のあいだで伝承された常世神であることを推測できるが、ここでもまた常世は海のかなたであり、その海のかなたから少名毘古那神は羅摩の小舟にのって常世波に揺られ揺られて出雲を訪れ、また同じ波に揺られて帰っていく。

伊豆半島の南端近く西海岸の妻良《めら》で八月の盆におこなわれる行事のひとつに灯籠流しがある。芳賀日出男は『神さまたちの季節』でそのさまをこう伝えている。「十五日の夕方、三年忌を迎えた人の家では灯籠を持って浜に集まる。日没前の海のなぎさの静かなひとときである。この時刻に死者と先祖がまた海のかなたの遠い世界へ帰っていく祭がおこなわれる。善福寺のお坊さんが死者を送る供養の経を読んで法会をする。香華の匂いと煙が浜にただようなかで、灯籠は灯をともして海へ放たれる。漂いつつ流れてゆくのを村人は夕靄のなかで見送っている。」だが、同じ夜、灯をともした舟が海へ流されるのはなにも妻良だけではない。たとえば長崎では、供物をのせ提灯をつるした大きな藁の精霊船が南無阿弥陀仏の声にのって海に放たれる。

盆の十五日は　精霊《しようりよう》さんの祭り
先祖の供養に　綱を引く

この長崎の「盆十五夜綱引唄」に歌われた精霊船ほど大がかりでないにしても、各地で盆の夜に精霊流しのおこなわれることを、私たちは知っている。その盆の夜、海に放たれたこれらの舟はどこへ行くのか。常世波に揺られながら沖に出ていく舟の灯がいつか風にかき消されて波間に沈み、風と波の音だけがいたずらに闇のなかに鳴ろうと、見送った現世の人の心には、精霊を海《うな》界《さか》のかなたに送り出した安堵が残らなかったろうか。そして、その気持には羅摩の小舟を海に流したかつての出雲人の情と一脈通じるものが、なかったであろうか。小舟の行方がこの地上のどの地点かは、実は問うところではなかったであろう。まれびとも精霊もこの現世での時空をもってはかりえないいずくかから訪れ、いずくかへ去って行く。常世とは、本来、そうしたものであったろう。そして、精霊を迎え送るのはひとり海岸地帯だけでなく、山間でも平地でもひろくおこなわれていたのだ。

「ショウロ」「オセロサマ」「シャウライ」などさまざまな呼びかたが残っていて、呼びかたも多様だが、盆の行事としての精霊の迎かえた、送りかたも多様だったろう。また、その精霊自体も特定の故人の霊である場合もあれば、もっと漠然とした類型的な祖霊の場合もあり、さらに無縁の亡魂である場合もあったろう。古く魂《たま》と呼ばれたものにしてもそうであった。

家に来てわが屋を見れば玉床の
外《ほか》に向きけり妹《いも》が木《こ》枕

この『万葉集』巻二の歌の玉床《たまどこ》について、折口信夫の『万葉集辞典』は「死んだ人の霊魂の在留を信じて、ある期間、其儘に死んだ時の床を残して置かねば、霊魂が発散して、浮浪霊魂（無縁精霊）となつて了ふと考へてゐた」と説明しているが、そういう考えも含めて、いくつかの段階の魂があり精霊があったろう。一般には死者の霊が個別性を失って類型化されたのが精霊と解釈されているが、そのような区別をここでしかつめらしく言うこともない。いわんや死後に霊魂があるかないかの議論もここでは無用である。盆の習俗のなかに生きていた私たちの祖先の心は、そんな議論ではつかめまい。その心を見失うことが進歩というものであろうか。たとえば笹舟をさらさらと小川に流しては追いかけ、立ちどまり、行方を見送る子供のすなおさを欠いたところで精霊流しはおこなわれなかったろうし、少名毘古那神の伝承も出てこなかったろう。それは高《た》天《か》の原《ま》から葦原の中つ国へ、天之御中主神から天照大神や神武を経て今上へというような皇統譜的発想とはおよそ無縁に生きつづけてきた。そういうものに眼をそむけるのがいいとは、どうしても思えないのだ。

精霊迎えについてのいくつかの記録のなかから、ひとつの報告（小野重朗）を引いておく。オセロサーノタナ（精霊棚）のうち「家の中に作るものは薩摩にも大隅にも広く行なわれている。盆の十三日になると、家の表側の中心になる亭主柱（テッバシタ）のそばを、フスマや戸板、屏風などをたてまわして小さいしきりを作り、そこに小さな台をおいて、いつもは先祖棚にあげてある先祖の位牌を下して並べる。そこにお精霊様を迎え入れて、各位牌ごとにお供えをする。これとは別にフケゼロサー（外精霊様）といって、無縁の祀ってやる人のない精霊たちのために、芭蕉葉や大どんぶりに御供えの御馳走をぶっこみにしたものを一つ供える。こうしないと、フケゼロサーがオセロサーの供物に手を突っこむと言う。このオセロダナのまわりは暗くして、出入りも静かにしないとオセロサーは明るくさわがしいのをいやがられると言っている。十六日の朝にオセロサーが帰ってしまうと、このオセロダナも崩して、位牌はまた先祖棚にかえす。」（「民間伝承」昭和三十五年九月号）

これを引いたのは、常夜から訪れるまれびととしての精霊の性格が比較的よくうかがわれるからである。精霊は家の表側の中心の亭主柱の近くに迎えられるが、むろん滞留は一定のごく短かいあいだである。精霊棚のあたりは暗く静かでなければならない。この精霊棚をしつらえ位牌をならべ供物をおくという行為を支えていたのは、ただ慣習だけだったろうか。盆もまたもの日として、習俗の世界にありながら日常的な時の流れを中断させ、日常的な空間に断層をつくる（たとえば亭主柱の近くにフスマや戸板や屏風でしきりをつくる）ことで、聖なる時間と空間を現出させる、そして、単なる習俗の次元を超えて、ものの世界である常世とこの現世とのあいだに橋をかける役割をもっていたであろう。だが、この役割がほんとうにはたされるかどうかは、精霊を迎える現身《うつしみ》の心にかかっていたはずである。その心を欠いては、この行事になんの意味があったろう。一方には故人への思いがあったであろう。他方には生者自身の生活を守ろうとの願いがあったであろう。常世と現世にかかるこの橋が堅牢だったとは思えない。それは無常の風に揺れなかったであろうか。また、いつかは自分もこの橋を渡るのだ、旅立たねばならないのだという不安が、精霊を送り出したあとの安堵につらならなかったであろうか。

かつては、この地上でさえ、旅なれぬ者が旅立つこと、自分の住みなれた里をはなれることには、常世への旅と同質のものがあった。旅立つ者はつねの日の衣服をあらためて家族近親に訣れを告げる。人々は彼を自分たちの世界の境まで、彼らなりの日常の現世の境界まで送り出す。送る者はこの現世と常世のはざまの手前に立ちどまり、旅立つ者はこのはざまを越える。その一歩はつねの一歩ではなかったであろう。そこには、石像として具象化されるはるか以前から、眼にみえぬものとしての神がいたであろう。

百足《ももた》らず八十《やそ》隅《すみ》坂に手向《たむけ》せば
過ぎにし人にけだしあはむかも

この『万葉集』巻三に歌われているように、そこには常世と現世の境を塞ぐ神がいたであろう。

この神は村の出口、峠の上、回り角、坂の上り口などに位置づけられたが、坂が境に通じることからも、この神の役割は推測できる。いつしかこの神が猿田彦に擬せられたとき、たとえば前述の花祭の鬼が反閇を踏んでのち猿田彦を名のったのも自然に思われる。榊鬼は反閇を踏むことで塞《さ》えの役割もはたしたのではなかったか。

それはともかく、住みなれた里をはなれる不安には、いつかは常世への旅に出なければならぬ現身の不安と通じるものがあったであろう。一体、この不安をはなれて、常世がありえたであろうか。社会状態の変化や儒仏その他の外来的思想の日本的な受容と展開のなかで死の観念もまた複雑になっていく、その過程でこの不安にも次第に雑多な感情がしのび寄り混じりこんだとは思う。けれども、常世が現世と全く異質の時空に属し、現身にははかりしれないものであるにせよ、自分もいつかこの現世からの出口に立ち、常世への一歩を踏み出さねばならないという気持こそ、ながくもの日の習俗を形骸化や枯渇化の危険から救っていたのではないであろうか。

II 巫女

1

古墳時代の埴輪《はにわ》について『日本書紀』には、垂仁天皇三十二年に野見宿弥が殉死にかえるという目的で動物埴輪や人物埴輪を考案したとする説が述べられている。それによれば垂仁天皇二十八年冬に天皇の母弟倭彦命が死んだとき近習の者を墓のまわりに埋めたところが数日死なず、昼夜泣き叫んでいかにも悲惨であった。そこで垂仁天皇三十二年の皇后死去の際には、野見宿弥の進言をいれて墓のまわりに人間のかわりに埴輪を埋めることにしたというのである。これは倭日子命の陵に人垣を立てたとする『古事記』の記述の「人垣」を殉死と解釈したところから出た説というように、普通は解釈されている。または、垂仁朝に殉死の風習や出雲土人《はじと》の埴輪創製の物語が伝えられているのには、折口信夫が『和歌の発生と諸芸術の関係』で触れたように、「喪葬旧儀を説くに必まづ語られねばならなかつた宮廷関係の古詞章だつたから」ということもあったろう。しかし、事実から言うと、かりに当時殉死の風があったと仮定しても、動物や人間をかたどった形象埴輪の初現の時期からみて、『日本書紀』説を首肯するのは困難である。

そこで、形象埴輪のおこりということが問題になるのだが、それについてはこの『日本書紀』説以外に、葬儀のときに関係者や故人の遺愛のものをかたどってならべたとか、中国大陸の土偶や石人石馬が起源だとか、いくつかの説がある。しかし、埴輪の出現の順序からすれば、円筒埴輪について家形埴輪や器財埴輪、そして最後に動物埴輪や人物埴輪になり、人物埴輪の大部分は五世紀以降であること、形象埴輪の下部が普通は円筒状をなしていることなどから、人物埴輪も含めて一般に埴輪のおこりを円筒埴輪を手掛りに考えておくことも必要だろうと思う。

円筒埴輪とは、一列にならべて垣のようにした円筒形の埴輪で、近畿地方ではほぼ六世紀初頭まで使用された。これには、墳丘の崩壊を防ぐための土どめだったとか、墳丘の装飾だったとかの説明もあるが、そのような説明だけでは円筒埴輪出現の理由としては弱い。やはり神聖な区域を劃する玉垣でもあれば墳丘上の祭場での神の依《よ》り代《しろ》でもあったとみるのが自然ではなかろうか。亀井正道は「円筒埴輪私考」のなかで、円筒列中に混用されることのある壺形土器の意味を考え、そこから円筒埴輪のもつ意味をあきらかにしようとしている。私たちの国の古典に対するある種の信仰が散見されると同時に、実際に古墳の遺跡についてみても土器がただの副葬品にとどまらず供献という形をとってもいる事実から、彼は土器自体のもつある種の呪力や神聖性に注意する。「神を祭るために使われた土器は、同時にそれ自体神聖な、呪力をもったものであったのであるが、何故に土器が時にこのような異常な力をもちえたかというと、卵、瓢、空洞木、壺等の内部がうつろになっているものには、神霊、霊魂が憑依するものであるという古代人の信仰観念が存したのであって、これには数々の根拠がある。」「胴が大きく張って頸部では収縮し、再び外に開く壺形土器の形態は神霊の憑く物としては、正に恰好のものであったとすることができよう。」「神のより憑く土器であったがゆえに神聖性、呪術性がひそむと考えられ、しかもそれを掘り据えることによって一定の区域を劃する役割を果しえた」（「国学院雑誌」昭和三十一年七月号）とすれば、壺形土器から朝顔形埴輪への転化、そして円筒埴輪の出現を考えた場合、このような役割が円筒埴輪にもあったかと思われる。むろん形象埴輪にはそれなりの理由もあろう。たとえば封土の頂部におかれた家形埴輪には死者の霊の安息所の意味もあったろうし、一般に形象埴輪には被葬者の霊の生活とのつながりや大陸の古墳での副葬品や明器からの示唆もあったろう。それでも、中空の埴輪に神の依《よ》り代《しろ》としての性格も認められることは、やはり見失うべきでないと思う。

　眼にみえぬものが中空のもののなかに宿りうるという観念は、おそらくかなり古いものだろう。土の壺の以前には木の箱や曲げ物、その以前には木地鉢や臼などのように彫りくぼめたもの、その以前には天然の空洞木や瓢が神霊の宿るものとして崇敬されていたことを、柳田国男も『妹の力』のなかで指摘している。そういう魂《たま》の容器としては、少名毘古那神が常世波に揺られて出雲を訪れたときの羅摩《かかみ》がある。この果実は割ると小舟の形をしている。竹取物語のかぐや姫もまた常世から現世を訪れ、ふたたび常世に還っていったのである。そのような形態のもの、たとえばうつぼ舟が常世と現世との交通に用いられている。しかし、このように常世と現世をつなぐものは、ひとり埴輪をも含めて内部のうつろなものだけではなかった。埴輪を埋めならべた古墳それ自体が、常世と現世をつなぐ役割をもっていなかったろうか。

堀一郎は『万葉集』の挽歌のうち死者の行方、死者の葬場、死者について連想している自然現象や物などを詠じたもの九十四例について分類した結果、「山丘に隠れる、山隠る、磐かくる、山によって故人を偲ぶ」ものが四十七例(五十パーセント)あることに注意し、「万葉集を分析した限りでは、死者霊魂が山丘にのぼり、そこにかくれ、もしくは天上の世界に雲隠れると表現した例が圧倒的に多いことは事実であり、注目すべきことといわなければならない」(『宗教・習俗の生活規制』)と指摘している。むろん、彼自身言うようにこれらの「挽歌は天皇、皇子に捧げられたもの、貴族に対する詠歌が多く、この資料だけから一般庶民の持つ霊魂観念までを類推するのは軽率のそしりを免れない」し、また、挽歌のうち山の上を雲がたなびくのをみて死者を偲ぶ歌のなかには、あきらかに火葬と結びついているものもあるのだが、それでも、天皇家や貴族階級の墳丘である古墳とこの階層の霊魂観念とのつながりは、当然推測できる。岩崎敏夫は「葬制の問題点の一・二に就いて」のなかで、「山上墳もそういう考えがあったのかもしれぬが、封土で被われた古墳は、一方においては、霊が山に行くその山を心に画きながらつくられたものではなかったろうか、前方後円墳というのも後円は山をかたどり、前方部は山に鎮まりゆく霊魂の通路ではなかったか。これを単なる祭壇と見るべきではないと思う。真野の古墳群中には、舟形石棺も出たが、霊魂が舟にのって遠くに去った観念の名残りと言われているが、いかにもそうであろう。今から見ると矛盾としか思われないいくつもの考えが、一向矛盾と考えずに古代人は持っていたらしい」（「国学院雑誌」昭和三十三年一月号）と考えているし、長野正も古墳文化期前期に「屍体が封土の頂上辺に埋葬されたのは、死霊は山に集まり住むという考えが、この時代に存在したことを示しているといえよう」（『体系日本史叢書・宗教史』「原始宗教」）と主張している。古墳の山丘を思わせる形態は、やはり当時の霊魂観念から切り離して考えるべきでなかろう。四世紀の古墳が主として自然の山丘を利用してこれをいくらか掘り削り、さらに盛土を加えてつくられ、五世紀の古墳の大半が人工の造山による大規模なものだという相違を超えて、この古墳の山なす形態自体に現世と常世の通路の意味があり、それゆえに古墳が死者の埋葬地以上の聖域でありえたのではなかったろうか。

古代人にとって、ある山はそこを通って死者の霊が常世におもむく通路であったが、同時に常世の存在がそこを通って現世を訪れることもできたのである。そして、この通路が常世から現世への道となるとき、それがいわゆる依《よ》り代《しろ》であり、その通路によって常世神を招こうとする現世の住人からみれば招《お》ぎ代《しろ》でもあったのだ。だが、そのような依り代、招ぎ代は、ひとり山だけではなかった。霊峰とか霊山と称せられる山だけでなく、神木と呼ばれている特定の樹木、あるいは一定の枝葉や花、特殊な岩石に神が憑依するとの信仰は、かなりひろく、またかなり古くからあったものらしい。神社の神体とされている玉や石や劔なども同じ性質のものであったろう。今日でさえ、青竹を四方に配してしめ縄を張ることで神聖な区域を劃し、祭壇に榊の枝葉を立てて招ぎ代とする神事は、さして珍しくはない。さらにまた、流し雛や鹿島流し、虫送りなどの神送り行事に用いられる人形も、もとは形代《かたしろ》として依り代のひとつだったにちがいない。

　人間自身が依り代としての役割をはたす場合もあった。いわゆる依巫《よりまし》である。古く著名なのは記紀にも登場する玉依姫であるが、これも魂依《たまより》の名前からみても依り代のひとつであったのだ。柳田国男は『妹の力』のなかで玉依姫について語っている。「自分の見る所では、玉依姫と云ふ名はそれ自身に於て、神の眷顧を専らにすることを意味して居る。親しく神に仕へ祭に与つた貴女が、屢々此名を帯びて居たとしても不思議は無い。と言ふよりも寧ろ最初は高級の祭仕女官を意味する、普通名詞であつたと見る方が正しいのかも知れなゐ。」「タマとは固より神の霊である。ヨルとは即ち其霊の人間に憑くことで、神に奉仕する巫女戸童が超人間の言語を為すだけでも斯く名づくることを得たのに、昔は其上に具体化した霊の力が示されて、其果実の出現を以て愈々其依巫《よりまし》の人に遠く、神に近きことを証拠立てたのである。」

『延喜式』祝詞では巫はかんこと読まれている。神子であり、神の子である。巫女《みこ》と呼ばれる依巫はまさに神子として神の意志を体現するものとうけとられていたであろう。巫女は現世に身をおきながら、巫《かんこ》である限りは常世の存在なのである。巫女の異常な挙動や口調がよけい現世の住人に感銘を与えたかと思う。むろん巫女のその異常には精神病理学的な面も大きいではあろうが、だからと言って巫女を媒介として常世とのコミュニケーションを求める現身の心に一顧の価値だに認めないことが、はたしてよいのか。私は前に『恍惚の倫理』でシャマンに触れながら、シャマンのエクスタシスの意味を一時的な異常体験という現象形態にではなく、その体験の背景をなし、その前後に拡がる情緒にこそ求めるべきだと主張したが、同じことはしばしばシャマンに比較される私たちの国の依巫についても、また巫女という招ぎ代を必要とした現身たちについても言えるであろう。

さて、私たちの国の上代の宮廷の上層部には、つねに巫女の姿があった。宮廷儀礼は依巫をおいてありえなかったろうし、祭事《まつり》と政事《まつり》との深い結びつきもあったろう。『日本文学の発生――その基礎論――』のなかで折口信夫はこう指摘している。「日本に於いては、巫女の勢力の盛んであつた時代が古く且長い。宮廷・貴族・国主の家々には、階級的に多数の巫女がゐる。国主・貴族の最上級の巫女が、宮廷に召されて、更に其上に、幾段かの巫女を戴いて、宮廷の神に仕える。宮廷に於いては、原則として、王氏の巫女と、他氏の巫女とが対立してゐた。後次第に他氏の巫女が栄えて、王氏の方は衰えて来る。それは、神なる人の主上に仕える意味に於いて、人間生活の上にも勢力を得たので、宮廷の神に、専ら仕へるのが、王氏の巫女の為事であつた。とりわけ当今《キン》の皇女は、平安朝に至るまでも、結婚の形式を以て嫁することが出来なかつたのは、総て巫女の資格を持つて、生れて来られるものと考へたからだ。かうした高級巫女に入らせられる方々が、伊勢・賀茂の斎宮・斎院以外には、著しくはなくなつて来た。宮廷の神に奉仕するものは、多く国々から召された者の為事となつた。此さへも、時代によつて其階級観に移動があつた。」「巫女・男覡に限らず、目上の人を教育する力は、信仰上ないものと考へ、唯其伝承詞章の威力をうつさうとしたのだ。意識なしにした言語教育であった。第一には、呪詞に籠る神の魂を受け取り、第二には叙事詞として、其詞の中に潜んでゐる男性・女性の優れた人の生活が、自分の身にのり移つて来るものと考え、第三には、自ら知識が其によつて生ずる。かういふ風に、次第に教育的意義を持つて来る訳である。其と共に宮廷に仕える諸家・諸国出の巫女が、其家・国に伝へた呪法と呪詞・叙事詞を奏する。此が宮廷の文学を発達させる原因になつた。」そして、折口は宮廷文学の担い手としての巫女から女房への系譜を考えているのだが、この説に従うなら、ひとり宮廷儀礼のみでなく宮廷文学も巫女をおいてありえなかったわけである。

その宮廷文学のいましも頂点に達しようというころ、奈良朝末から平安朝中期にかけて、多くの人が政争にまきこまれて非業の最期をとげ、しかもそれが当時流行の疫病と絡みあって、怨霊の祟りという考えかたを生んだ。いわゆるもののけである。宮廷文学のはえある担い手たちの筆はもののけにも及んだ。たとえば『源氏物語』の世界はもののけの登場がなかったら、いかにちがったものになったであろう。六条御息所の霊はまず「葵上」で生霊として葵上の産褥にあらわれ、次には「若菜下」で危篤の紫上にあらわれ、さらに「柏木」では女三宮剃髪の夜を襲う。また、浮舟も「手習」で、ある修行者のもののけの襲うところとなる。この物語の構成上の重点をなす女たちがみなもののけの祟りにおびえるのだ。その作者は実際にもののけ調伏のさまを知っていた。たとえば寛弘五年九月に一条天皇の中宮彰子が敦成親王を出産したおりの模様が、『紫式部日記』に出ている。中宮にもののけの祟るのを調伏すべく、多数の僧侶や修験者や陰陽師がかり出された。

御帳のひんがしおもては、うちの女房まゐりつどひてさぶらふ。西には、御もののけうつりたる人々、御屛風一よひひをひきつぼね、つぼねぐらには几帳を立てつつ、験者あづかりののしりゐたり。南には、やむごとなき僧正僧都かさなりゐて、不動尊の生き給へるかたちをも、呼びいであらはしつべう、たのみみ、うらみみ、声みなかれわたりになる、いといみじう聞ゆ。

御帳の西面に屏風を立てめぐらしたなかに坐っていたこの「御もののけうつりたる人々」も、依巫なのである。

『枕草子』にも、もののけ調伏のさまを伝える部分がある。

母屋に四尺の几帳立てて前に円座を置きて三十余ばかりの僧のいと清げなる墨染の衣、羅の袈裟など、いと鮮明に打装束きて、香染の扇うち使ひ、千寺陀羅尼読み居たり。物の怪に甚う病む人にや移すべき人とて、大きやかなる童の髪など麗しき、正絹の単衣鮮明なる袴長く着こなして居去り出でて、横様に立てる几帳の側に居れば、此方様に居直りて拝み入りて、いと細く際やかなる独鈷を取らせて、ををと目打塞ぎて読む陀羅尼もいと尊し、顕証の女房数多居て集ひ守へたり。久しくもあらで震へ出でぬれば本の心失ひて行ふに随ひて調ぜらるる様、仏の御心趣を見るにもいと尊し、……

正絹の単衣に鮮かな袴を長く着こなして几帳のそばに控え、やがて震いはじめて本心を失ってゆくこの「移すべき人」も、依巫なのである。依巫は本心を失うことによってつねの現世の住人ではなくなり、常世なるものとして語る。依巫によって現世と常世とのコミュニケーションが可能になるのだ。

このもののけ調伏の場合には、おもに憑かれた人の近習や侍女がこの依巫をつとめたようである。それにはそれなりの理由もあったろう。だが、調伏のさまをかく伝えている女房たちも、巫女の後裔であったのである。そして、ひろく巫女という存在が宮中で大きな意味をもってきたその理由も、それぞれについては特殊だろうが、常世と現世のつながりという点では、いまのもののけ調伏のための依巫と同様、普遍的だったようである。

2

巫女が必要だったのは宮廷だけではない。一般の民衆も同様であった。彼らには、朝廷の権威と結びついた巫女よりももっと自分たちの土地に根をおろした、いわば土着的な巫女が必要であった。せまく限られた世界ではあるが、自分たちの生活の場はそこをおいてはない、そういう民衆なりの現世のなかで、あるとき、あるところがつねの日常性をかなぐり捨てて常世につらなる、その媒介の役をはたす巫女が彼らの習俗に新しい息を吹きこんでいたのだ。

その巫女を依り代として常世の神が現世を訪れ、巫女の口を借りて語る。いわゆる口寄せ巫女である。菅江真澄の『遊覧記』などに出てくる梓の弓の弦をうちはじきつつ呪文を唱して死霊を呼ぶ「アズサミコ」と同じ土壌に属するこの巫女の「アガタミコ」「オカミン」「オナカマ」「モリコ」などさまざまの呼びようを、柳田国男は『分類祭祀習俗語彙』に列挙しているが、なかで比較的よく知られている呼び名のひとつに「イタコ」がある。能代多代子の『青森県五戸語彙』は、イタコをこう説明している。「おおかたは盲の女がなった。「だいずつ」というものを持っている者もあれば、神通力をもった箱を負ってくる者もあった。「だいずつ」の方は数珠をまさぐり、箱の方は弓を打ち祭文を唱えて仏をあの世から呼んで霊界を語らしめた。双方の呪文は幾分か異っているらしい。五戸町では七夕の夕方から郷社稲荷神社の社前に集って客を待った。それが明治のいつ頃か禁じられてそれ以来ないが、今はイタコを業とする者が自家でその霊法を行っている。仏を呼ぶのは彼岸と盆の中日だけであとはない。病気、物うしない、方角、建築、旅行、出産などの占いはいつでも行っている。支村にはどこのおぼすな社にも大方はあった。」

　これらのイタコは国家の中心に近い上流人であるどころか、生まれもいやしく暮しも低く、しかもほとんど盲目の女である。しかし都を遠くはなれた東北の寒村で彼女たちの存在は必要だった。彼女たちがみえぬ眼を虚空にむけて数珠をまさぐりながら仏おろしの祭文を唱えはじめると、つねの時空は断絶して異質の世界が展開したのだ。彼女たちによりつく霊の語りかけることばを一言も聞きのがすまいと膝をにじり寄せた者の心は、常世べをむいていた。この傾斜を一笑に附してしまっていいものか。

さて、青森県下北郡むつ市田名部町恐山、ただしかつては宇曽利山と書かれたという。その宇《う》曽《そ》利《り》はアイヌ語からの転訛とされているが、たとえば知里真志保の『地名アイヌ語小辞典』には us. i の項に入江、湾とあり、また us—or, —o の項に湾、湾内とあるから、この名は湖の方から出たと考えるべきであろう。宇曽利湖の直径は古くはもっと長かったというが現在約二キロ、典型的な火口湖である。

伝説によれば慈覚大師が唐の国で修行中の一夜、聖僧があらわれて「なんじ国に帰り東方に行くこと三十余日のところにいたれば霊山あり、そこに仏道をひろめよ」と告げた、その霊山が恐山であるという。だが、この伝説は伝説以上のものではないし、現在では恐山は特定の山の呼称ではなくて、しばしば恐山そのものに擬せられる釜臥山を含めた火山群の総称なのだが、むろん恐山を霊山とみる発想自体は、眼にみえぬ霊のつどう常世を山のかなたに想定した他界観と無縁ではなかったろう。その恐山の菩提寺円通寺の所属宗派は現在は曹洞宗であり、本尊の延命地蔵尊は地蔵堂内におかれている。

この恐山を中心とするいわゆる恐山信仰がととのってきたのは、おそらく円通寺（一五二二年）や大覚院（一五二四年）の創設された十六世紀以降であろうが、この信仰にはかなり複雑な要素がある。円通寺でおこなわれる、春・夏・秋の祈禱では般若心経、消災妙吉祥陀羅尼、地蔵真言ないし地蔵講式が読誦されるが、この祈禱は現世利益と結びついている。その現世利益にさらに死霊信仰、死者供養と納骨と湯治が絡んで、いわゆる恐山信仰を形成しているものと思う。現在の円通寺境内にも、それぞれの要素に対応した建築がある。

七月二十日から二十四日にかけて地蔵講があり、「伽羅陀山延命地蔵尊」と書かれたのぼりがはためくこの期間、イタコがこの寺の境内に集まる。本尊を安置した地蔵堂の正面と左手の軒下あたり、それから賽の河原の地蔵堂の横で口寄せをおこなうためである。その口寄せのなかには仏教的な観念がかなり含まれているが、寺側では巫女との直接の関係を否定している。彼女たちが大挙して集まるようになったのは大正末ごろだし、遡ってみてもイタコの大祭への参加はせいぜい百五・六十年前にはじまったにすぎない。集まってくる巫女のうちに下北在住の者はすくなく、ほとんどが津軽のイタコである。たとえば昭和三十九年の大祭で集まったイタコ二十三名の内訳は津軽在住者十九名、南部三名、下北は一名にすぎず、その下北の一名も津軽出身者であった。イタコたちは小さな行李に道具一式を入れてやってくる。黒い数珠には獣の牙や角や顎骨、さらに子安貝や古銭などが通してあって、イタコは呪文を唱え口寄せをしながらこの数珠を鳴らすのである。数珠につけられたこれらの骨や牙や貝殻などが補助霊の役割をもつとも考えられる。死んだ近親の霊を呼んでもらおうとする者は、その死の年月と死者の性別を告げてイタコに頼むのだが、そのときすでに期待は大きく、暗示をうけやすくなっているであろう。巫女の側ではまず入《い》り祭文、仏降しの呪文を唱える。「極楽のこいじの枝には何がなるよ。南無阿弥陀仏の六字がなるよ。……」この祭文ないし呪文は、おそらく発生的には、一種の言霊信仰あるいは詞霊信仰から出たものと思う。ことば自体に霊力があってその霊力が神や仏を呼ぶ、この場合には死霊を呼ぶという効果が信じられていなければ、この祭文、呪文は無意味である。やがて巫女の口調が変り、霊が語りはじめる。まわりでは老婆たちが腰をおろし、ある者は這うようにして耳を傾けている。泣いている老婆に肩を寄せて語りかけている巫女のみえぬ眼が異様である。ときに表情がひきつったような感じになる。入《い》り祭文と送り祭文は、それぞれほぼどの巫女も共通のようだし、霊のことば自体のパターンもさして複雑ではない。口調やリズムや数珠の音や、まわりの人を含めて、さまざまな意味での雰囲気の効果が大きいであろう。そして、地蔵堂の周辺が最も口寄せをしやすい、霊がよくのる、そう巫女自身が言う。

本尊を祀った地蔵堂の内部は、本堂の奥に一間あって、円空作と称する仏像その他、千体仏もおかれている。円陣にはいたるところ、折り鶴を無数につるした輪やらランドセルや写真や着物などがかかっていて、それぞれに死者の名の記された布か紙がついている。老人や青年のものもあるが、子供のものが多く、野球帽、靴、玩具もあった。これらには霊が極楽に行くための一種の通路の意味もあるようで、そのような通路として故人が身につけていたものや身につけるはずだったものが柱や横木につるされたものらしい。ただ供養のためだけではないようである。この地蔵堂のすぐ南に納骨塔がある。坂になっていて、左手にみたま石、右には大王石と称する巨岩があって、その背後は地蔵山であり、地蔵山をはさんで北が剣の山、南が鶏頭山である。足もとには荼毘《だび》に附された骨さながらの石塊もころがり、いたるところ硫黄泉の噴出があり、奇怪な形状の巨石が聳える。道を進めば無間地獄があり、大師堂がある。坂は岩場を縫って上下する。右に行けば塩尾地獄に賭博地獄、左に行けば千手観音から賽の河原の地蔵堂に出る。堂の南に血の池地獄があり、広さ約四坪（約十三平方メートル）のこの池が死んだ妊婦や産婦の堕ちる地獄だという。老婆たちがこの池に小銭を投げるが、昭和三十九年当時にして一円玉が多い。また、「女人・成仏」「血盆経」と印刷した紙をこの池に浮かべて、それが沈んだら死者は浮かばれ、浮いたら死者は浮かばれないという。この池のすぐ西の茂みのあたりで日焼けした頬に涙を流しつつ女たちが呼ぶのは、故人の名前である。

賽の河原から東へむかうと右手に湖があらわれて眺望が一変する。宇曽利湖の対岸には大尽山や小尽山の緑が鮮やかに映える。足もとはあくまで白い。砂でなく、こまかい石片である。極楽ケ浜と称されている。ふたたび地蔵堂の方にむかう。右手に法華の地獄や女郎地獄がある。そして、高山植物の茂った小高い丘があって「体内めぐり」の札が立っているが、いまはこの丘のなかは通れない。かつてはこの丘を母胎にみたて、胎内から外に出たところで五智如来を拝するという演出だったかと思う。その五智如来のならぶ五智山をくだれば、どうや地獄や金掘り地獄や修羅王地獄などがあり、さらに地獄谷にかけて重罪地獄がある。仏教説話の世界に硫黄の臭気が強くただよっている。境内いたるところに小石の山が積み重ねられているが、夫や子の霊とのつながりを感じつつこれらの地獄を経めぐってこれらの小石を積んだ女たちにとっては、この境内の自然の演出は身に深くしみるものだったにちがいない。

小石を積むということについては、ひとつには一種の依り代としての役割もあろうが、またひとつには「地蔵和讃」にもとづく「賽の河原和讃」[7]の連想もあろう。この和讃によれば、幼くして死んだ子供たちが賽の河原で石を積む。「手足は石にすれただれ、指よりいずる血のしずく」という有様だが、獄卒はそんな積みかたではだめだと言って情容赦なく石の塔をうち散らし、積みなおしを命じる。

境内の各所、たとえば納骨塔の前や賽の河原などに、木の柱に鉄輪をつけたものがあって、輪は三本の半径で三等分され、その半径をなす鉄にやはり鉄の小さな輪が二個づつはめてある。これをまわすと音を立てる。輪をまわすことで死者の霊と自分の霊がつらなる。同様のものは田名部から恐山への参道の途中の冷水というところにもあって、柱に「諸行無常」の文字のあるところからすれば、この鉄の輪は運命の車輪でもあったろうか。しかし、女たちはイタコに霊を呼んでもらい死者のことばを聞いた昂奮のなかでこの輪をまわし、小石を積みあげ、その小石の山や地蔵尊に菓子を供えるのであって、ひとつひとつの所作のこまかい理由づけなどは無用である。そういう所作で死霊も満足して自分も満足する、そう信じているだけであろう。その女たちが夜更けて人いきれのする宿坊のなかで、民謡を歌い踊る。宿坊の外にも踊りの輪がいつしかつくられている。酒気を帯びた者もいる。この踊りが盆踊りでなければ、一体ほんとうの盆踊りとは何か。硫黄のにおいの強い浴湯につかり、わずかの宿泊費で宿坊に泊っているこの農婦たちの歓楽が、ただの遊興であろうか。これが昼間地蔵堂のあたりで泣き叫んでいた女たちとはみえない表情だが、それほどに巫女の口寄せはカタルシスの効果をもたらしたようである。

イタコになる修業は、普通は思春期前に師匠のもとに住みこんで弟子入りすることではじまるという。二・三年はかかる。師匠が弟子にむかって一対一で秘儀を伝えるのは二・三時間だが、それに先立って九日間ほど火の気、塩気を断ち、きびしい行をなすという。いわば二・三年間に習得した巫女の形式に内容をもちこむこの苦行が、短期間とはいえ、かなり効果的に作用して一種の異常体験がもたらされることは推測できる。もとより素質もあろうし訓練もあろう。とりわけ恐山の大祭で朝から晩まで、いや夜更けても呪文を唱え、数珠をすり鳴らし口寄せするその緊張の持続と客の反応とが相互に作用しあって、ときにトランス状態が目撃されても不思議でないし、それに盲目という条件も考えるべきであろう。

この円通寺境内での巫女市《いたこいち》は寺自体の宗派上の問題をはなれた、もっと広く中世以降の修験道や仏教の伝播、非常に習俗的な層での民間信仰とのかかわりから考えるべきであろうが、毎年七月の大祭に津軽を主とした地域から巫女たちが大挙して集まるようになったのは、大正末ごろからのようである。交通の発達につれて地蔵講という機会にいわば便乗したともとれる。しかし、恐山の巫女市がまさに神のいつくところという市《いち》のもとの意味で、東北の寒村の素朴な霊魂観を背景に、農民たちのカタルシスのための恰好の機会を提供していること、そして、ここでイタコを媒介として実現される彼らなりの現世と常世とのコミュニケーションが、マス・メディアの異常に発達した今日の都会的な日常生活と較べて、いかにも深層的であることは、否定すべくもない。

Ⅲ　遺　骨

1

一九二〇年代のはじめ以降、北京の南西の周口店附近で第四紀洪積世ミンデルリーヌ期の化石人類が発見され、シナントロプス・ペキネンシス（北京原人）と呼ばれているが、この北京原人の時代にはすでに推理や思考をつかさどる大脳の前頭葉の発達があり、また火の使用や狩猟技術の進歩による肉食の傾向のあることが指摘されている。その周口店附近で出土した北京原人の頭蓋骨の状態には注意すべき点があった。

Ｅ・Ｏ・ジェイムズは『先史宗教』のなかでこう述べている。「死後に屍体は頭部を切断されて埋められて遂には分解してしまったのだが、屍体を埋めたのちも、頭部は注意深く保存された。それがちょうど今日のボルネオの場合と同様に、頭部に霊的実体《ソウル・サブスタンス》があって、それが生命力のはたらきをしていると思われていたためであることは、言うまでもない。頭蓋骨の傷痕が残っているところからみると、それらは殺された犠牲者のもので、その脳は神聖な儀式のおりの食事に供されたのかもしれない。もしそうなら、おそらくそれらは食人宴の痕跡を示すものであって、この場合、組織的な食人俗が北支で洪積世中期に死者崇拝につきものだったことになる。すなわち、そのおりに頭部か頭蓋骨もしくは頭皮を切りとって保存することが、その霊的実体を抽き出すためにせよ戦利品としてにせよ、いずれにせよ神聖な食事中か食事後におこなわれる大切な行事だったのである。」

M・マーレイも『宗教の起源』でほぼ同様の解釈をしている。「周口店の巨大な堆積層の場合、その各層から頭蓋骨が出土しているが、この堆積層が積み重なるには数万年を要したにちがいない。堆積層の幅や時間の長さに比較して頭蓋骨の数がすくないのは、世紀ごとにひとつの頭蓋骨しか保存されなかったことを暗示している。これらの頭骨を、それが完全に保たれるような場所におくことによって、注意深く保存したことがあきらかになる。だからこそ、洞窟や亀裂から大多数が出土し、そのような場所に頭骨をおくのが普通の保存法だったかと思われるのである。このような慣習は、頭部がある特殊な力をもつと信じられていたことを強く暗示している。歴史時代に入って近代でも頭部には共同体全体を保護する力があると信じられていて、どうもこの信念が頭部崇拝の起源だったらしい。もしそうなら、このことは最も初期の代表的原人さえ自分たちの外部に〈力〉をあらわしえたことを示すものであろう。」そして、これはマーレイも注意していることだが、旧石器時代の化石人類の問題のひとつに、人体の他の骨に較べて頭骨（頭蓋骨や顎骨）が圧倒的に多く出土するという事実がある。周口店の場合もそうである。そこになにか呪術的・宗教的な意味があるかどうかは解釈の問題に属するだろうが、もしそういう意味があるとすれば、ジェイムズやマーレイが暗示するように、北京原人の頭蓋骨の出土状態を葬送儀礼の原初的形態と結びつけて解釈することも、不可能とは言いきれまい。

もっとも、このような解釈には異論もあるにちがいない。たとえばP・シャリュが『人間と宗教』のなかで書いているのだが、「北京原人については二つの仮説がある。ひとつはヴァイデンライヒ博士の仮説で、それによれば食人俗をもつ首狩り族の戦利品ということが問題になる。いまひとつはブルーユ師の仮説で、師にとっては、このように頭蓋骨がとくに多く保存されているのは岩石の多い野営地に頭蓋骨を運んで記念品として保存した結果なのである。どちらの説にも適切な論証があるし、この約二十個の頭蓋骨の集積が人為的なものであることは疑いをいれないが、しかしそこに宗教的性格があるということはおそらく一段と疑わしい。――もっとも、そのような性格をア・プリオリにはねつける権利もないのだが。」そこで、北京原人の場合についてはここでは早急な断定はすまい。ただ、頭蓋骨の集積が人為的なものであることを頭に入れて、次の旧人の時代に話を移すことにする。

ネアンデルタール人類（ホモ・ネアンデルターレンシス）の頭蓋骨の出土状態からそこになんらかの呪術的・宗教的意図のあったことを認める点で、いちじるしい異論はないようである。シャリュも頭蓋骨から脳を抽き出して食べた痕跡を宗教的意図と結びつけてうけとり、食人俗の存在自体は宗教的情緒の不在を意味するものではない、と注意している。彼によれば、「ムステリアン期がはじまるとともに、人類は死者を埋葬することをはじめた。しかし、数多くの例証からみて、頭部は遺体の他の部分にはないような重要性を帯びていた。しばしば頭蓋骨が切りはなされて、特別の扱いをうけた。だからこそリュケが、ネアンデルタール人類は自分たちの屍体の特定部分を埋葬するか遺棄したと、仮定したのである。切りはなした下顎がかなり多数発見されつづけているが、それらは多くは火床のすぐ近くから出土している。ポール・ヴェルネールも、リュケと同様に、これらの痕跡を呪術的・宗教的に解釈しようとしている。一方、ブルーユ師も、骸骨の寸断と撒布が民族誌の上で周知の骨の毀損のような葬送慣習と決して相容れないものではないことを、指摘している。さらに、故意に砕いたり切断した歯がかなり数多く発見されている。」

死者埋葬の慣習はおそらく旧石器時代中期に遡ることができるであろう。泉靖一も『文明をもった生物』のなかで、旧人が屍体を一定の状態に整え、石器や美しい礫をよく副葬し、さらに屍体に赤い土をかぶせたり、遺体を石で囲ったり、大きな石でおおった例のあることを指摘して、「死に対する恐れ、あるいは彼岸の世界への観念、つまり宗教の萌芽」をここに認めている。そして、人間の屍体ばかりでなく、彼らの食料だった野獣、たとえば熊の骨についても、それが頭蓋骨と四肢骨とを区別して保存されていたことに触れ、「数十年前までアイヌが行なっていた「熊祭り」と同じ観念がみとめられていたのではないかと考えられて」いることに注意しているが、ここで熊といわれているのは肉食でなく草食の習性をもち、他の熊同様に冬眠を余儀なくされる、あまり危険でない穴熊だったろう。一九〇三年から二七年にかけてエミール・ベヒラーが上アルプスでリス・ヴュルム期のものと推定される三つの洞窟を調査したが、そこには穴熊の頭蓋骨や祭壇のような熊祭りの痕跡を示すものがあったし、これ以外にもいくつか同様の例が報告されている。それらの例をただちにアイヌの場合と結びつけられるかどうかは別としても、実はアイヌの頭蓋骨についてもネアンデルタール人類と類似した例がないわけではない。藤本英夫が『アイヌの墓』で注意しているが、「アイヌには、どうしてそうするのかわからないが、死者の頭の首のつけ根――大後頭孔のところを円く切り取る習慣が、たまにあるのが注意されている。ミイラ作りのために、脳ミソを取り出したのだという説もあるけれども、これはネアンデルタール人にもあったし、エスキモー、スラブ人などにも、そして高砂貝塚人にもあった。」

一九三九年にイタリアのモンテ・チルチェオで発見されたネアンデルタール人類に関して、E・O・ジェイムズはこう主張している。「頭蓋骨には、こめかみの右側に致命的な強打をうけた痕跡があり、また頭蓋骨の下部では脳を脊髄に結びつけている大後頭孔が死後に切りとられているが、これはおそらく脳を抽き出すためである。」この頭蓋骨は注意深く石筍でおおわれ、ムステリアン期の動物群や石器がこれと同時に出土した。そして、頭蓋骨が切りはなされていたばかりではなく、さらに頭蓋骨の顎骨が切りはなされて頭蓋骨からはなれたところにおかれていた。このような例は他にもいくつかある。そして、ジェイムズは、東部ジャワのソロン川流域で出土した頭蓋骨が「おそらくは食人宴のおりに切開され、のち鉢として用いられたと思われるのだが」、このイタリアのネアンデルタール人類の頭蓋骨も「それと全く同じように、脳の呪術的・宗教的な性格を吸収するために脳を抽き出して食べたものと思われる」と解釈している。すくなくとも旧石器時代中期のネアンデルタール人類にすでに頭部崇拝の痕跡のあること、その頭部崇拝がどうやら葬送儀礼と無縁でなさそうだということは、見当がつく。南仏ドルドーニュのラ・フェラシー洞窟ではネアンデルタール人類の成人二体、小児二体の遺骨が出たが、そこには儀礼的に埋葬された痕跡があり、同じドルドーニュのル・ムスティエやラ・シャペル・オー・サンでも同様に葬送儀礼の形跡があった。J・キャムベルは『神の仮面』でこれらの例に触れて、こう主張している。「当時、人は狩猟で殺した獣についても、また人間についても、死の神秘ということに直面していたのである。そして、この死の神秘に対して見出された答は、慰めを求める者に以後ずっと慰めを与えつづけてきた答であった。すなわち〈なにも死なない。死と誕生とは、いわばヴェールを通って出たり入ったり、敷居をまたぐことなのだ。〉という答であった。」もしこの主張にして正しければ、のちの葬制を支える主要な観念はこのときすでに芽生えていたのである。

ここで、彼らネアンデルタール人類の葬送に関するマーレイの叙述を『宗教の起源』から引いておく。「旧石器時代中期（ムステリアン期）になると、宗教的儀礼の芽生えがはっきりと認められる。それは注意深い意図的な（儀式的とまで言ってもいいかもしれない）埋葬という形をとり、かくて死後の生活に対するある種の信念を示している。その信念は、漠然として影のような信念にさえまだなっていないが、それでも屍体保存を必要とする程度にははっきりしてきた信念なのである。それは動物たちの慣習もしくは（知られうる限りでの）信念以上のものである。なぜなら動物は自分と同類の屍体を貪り喰わないまでも、同類の屍体を放置して他の生物の喰うにまかせ、あの世の観念などひとかけらももっていない。ムステリアン期の人類は、自分自身のせまい環境を超えるようななにかを心に描けるような段階に達したという点で、あきらかに他の動物より進化していた。」

人類が自分たちの仲間の屍体に対して獣がするのとは別の扱いかたをしはじめたとき、人類はすでに自然の法《のり》を超えていた、そう私は思う。屍体というある意味では典型的な自然の象徴に対する人間の気持には、すでに自然を超えたものがなかったであろうか。いささか妙な表現を許してもらえば、自然の法《のり》を超えたところにかえって人間の自然の情《こころ》があったのではないか。ここで早急に自然対精神という使い古された二元論をもちだすのはまちがいであろうが、すくなくとも自然にべったりと密着したところでは、こういう頭蓋骨の扱いかたは出てこまい。そういう情がのちのちの葬送にいたるまで絲を引いてくると思う。たとえば洗骨とか納骨という風習を支える情に通じるものを、非常にほのかな形ではあろうが、すでに旧石器時代の人類はもっていたのではないか。

さて、中石器時代のものと推定されるバヴァリアのオフネット洞窟出土の頭蓋骨は、人種的には旧石器時代からのいわゆるブリュン人の残存者のそれであった。この洞窟には二つのトレンチがあって、大トレンチから二十七個、小トレンチから六個の頭蓋骨が発見されている。それらは赤色オークル層に包含され、同心円状におかれ、顔面は西をむいていた。「その大部分を占める女子と小児の頭蓋骨は、鹿の歯や孔をあけた貝殻で飾られていた。これらの頭蓋骨のほとんどに打撃による傷痕があり、このことはいくつかの頸部椎骨を別にすれば骸骨の他の部分の形跡のないという事実とあわせて、これらの人が変死後に頭部を切りとられたとの仮定に、我々を導く」とマーレイは語り、ジェイムズは「それらのうち、あるものにおいて頸部の脊椎骨がまだついていて、その状態からみて死後薄い小刀で頭部を切りとり、乾いてから儀礼的に保存されたものにちがいない」とみる。成年男子の頭蓋骨が四個しかない理由を襲撃された際に男たちが女子供を残して逃げたとみるのは不当であるとして、ジェイムズは、そのような理由によっては「頭蓋骨を貝殻で飾ったり、赤色オークルのなかに埋めたり、ひとりを例外として男たちが全部自分の道具をそばに用意していたり、それらの頭蓋骨の近くで火を燃した痕跡があったりすることが、なかなか説明できない。装具からみて犠牲者が集団で殺されたか個々に殺されたかはともかく、いずれにしても頭蓋骨になにか特別の意味が附与され、最近でもボルネオその他の地域で首狩りの遠征をして蒐集される頭蓋骨と同様に記念品として扱われたと考える方が、どうもよさそうである」と考える。H・V・ヴァロアもS・L・ウオッシュボーン編集の『原始人の社会生活』のなかでこれらの例を引きながら、「これらの例のすべてにわたって、遺骸の研究が示唆しているのは、すでに特殊化された社会構造の一部をなしている葬送儀礼ないし葬送行事の存在である」と述べているが、どうやらこれらの遺骸、とりわけ頭蓋骨の出土状態からみて、葬送儀礼の起源はかなり古いものと考えられそうである。そして、その場合とくに、脳の容器のもつ呪術的・宗教的意味が問題になっている。その意味をもうすこし問題にしてみたい。

J・E・シルロットの『象徴辞典』は頭蓋骨についてこう述べている。「一般的に言えば、ハムレットやファウストの文学的な例にみられるように、人間の死すべき運命の象徴である。けれども、頭蓋骨は実は蝸牛の殻のように、ひとたび生物の身体が破壊されてしまったあとも〈生き残っているもの〉なのである。だから、それは生命と思想の容器としての意味をもつようになり、錬金術の本にも頭蓋骨がこの象徴的な意味で描かれている。すなわち、そこでは変成の過程に用いられる容器として頭蓋骨が示されている。これらの観念からまことに多種多様な迷信や儀礼や、さらには――実際に――食人俗が出てきている。」この人間が人間を喰う動機としては嗜好や医療や呪術的・宗教的動機や憎悪や社会的目的などがあろうが、いまここでは呪術的・宗教的動機が問題だろう。古野清人は『原始文化の探求』のなかで「動物としての人間が、人を食うということには単なる物質的欲求以外の、あるいはそれ以上の精神的配慮がある。呪術・宗教的な信仰が含まれているのである」と言うが、ネアンデルタール人類が頭蓋骨から脳を抽き出して、その脳を食べたとしても、それが単なる物質的欲求からでなかったことは頭蓋骨の扱いかたから推測できるし、未開民族の場合も、たしかに自分が食べる人間の智慧とか技倆とか強い力とか勇気とかの霊的な要素をわれとわが身に獲得できるという一種の信仰が、その食人俗を支えているとも解釈できる。たとえば東アフリカのある種の部族は、死んだ近親者の霊魂と徳性を家族のために保存するためにその肉を食べたと、言われている。

頭蓋骨で盃をつくるという風習もあった。スカンジナビア人やゲルマン人が自分たちの手で殺した敵の頭蓋骨で盃をつくったという話は、よく知られている。記念品ということもあろうが、同時に「おそらくは自分たちが殺した敵の血を飲むのと全く同じ理由で、死んだ者の勇気や強い力をわが身に獲得するためでもあった」(ラドフォード『迷信辞典』)ろう。骨とくに頭蓋骨にもとの持ち主のパーソナリティと結びついた一種の霊力が潜在していて、その骨を保存したり使用したりすることでなにかの効果があるという観念は、さして珍しいものではなさそうである。むろん原始人や未開民族の場合のパーソナリティの観念や死霊の観念が、文明の進んだ段階でのそれと必ずしも一致しないことはたしかだが、それでも、彼らなりのそういう観念はあったのだ。古野清人は『原始宗教』でこう書いている。「現存する原始民族でパーソナリティをもたないような社会集団はない。また霊的存在、とくに死霊に対する信念をもたない社会集団もない。そして原始民族が、強い情緒の反応を示して感動し、とくに儀礼または礼拝に訴えて、その災禍を避け融和を求め、あるいは加護を願うおもな対象は死霊的な存在である。」そして、彼は未開民族の死霊の観念をいくつかの例によって検討しているのだが、そのような観念のひとつにボルネオのカヤン族の「トー」がある。「トーのうちでも、最も重要なのはおそらく干された首級と結びついたものである。首はトーによって生気づけられているので、屋内につるしてある首はいつも鄭重に怖れをもって遇される。これを手にする要があるときは、老人がその役をつかさどるのであって、とくに子供はこれに触れてはならない。怒ったトーが触れた者を狂気にするおそれがあるからである。しかし、トーは必ずしも敵意を抱いているわけではなく、豊作をもたらしなどして一家に繁栄を与えてくれる。それで首級があることは、家の福祉のためには必要なのである。」H・デシャンは『黒いアフリカの宗教』のなかで葬送儀礼に触れて、こう書いている。「西カルメーンのいくらかの住民の間では死者は家に留るとされる。だが一般に屍体は埋葬され、腸虫が出て来ると魂が逃げ込む頭蓋を取り出す。これは家の下少し深いところに埋められる。ときどき頭蓋は掘り起され灌奠や食物を捧げられる。一朝有事の際或は病身の際には助言を仰がれる。ところによっては叢林の中に、迷える魂のために小屋を建てる。いくらかの種族ではこの頭蓋祭祀が昂じて首狩りや人肉嗜食になってしまっている。」(山口昌男訳)

このような例はおそらくおびただしい数にのぼることと思う。そして、人類の歴史のはるかなむかしから認められる頭蓋骨崇拝が私たちに示唆してくれるのは、人間にとって屍体が単なる自然的な物体でなく、そこになんらかの自然を超えるような要素があり、そういう要素がとりわけ骨と結びついていること、また、そのような要素を認める立場からすれば、死者を葬ることと死者の脳をすすり血を飲み肉を食べることが心理的にさしたる区別をもたないのではないか、いや追悼と殺害もほんの紙一重の差ではないかということである。

2

フレイザーは『不死の信仰と死者崇拝』のなかで未開民族の不死の信仰を示す例をいくつかあげている。そのなかから、すこし例を引いておきたい。当時のドイツ領ニューギニアでは、屍体を数年後に掘り出して、頭蓋骨のみを部族の家に保存し、他の骨は遺族に渡されていた。ニューカレドニアでは、死んで一年ののち肉がくちると、頭蓋骨のみその家族の頭蓋骨を集めてある場所に移して安置する。北・東メラネシアでは、頭蓋骨以外の屍体は埋葬するが、頭蓋骨はならべてつるす。屍体を埋めずに家のなかにおいておき、肉が骨からはなれたのち骨を箱につめて海に流すところもある。ポリネシアのマオリ族は埋葬したのち、屍体から肉がはなれると、骨を赤く塗って、あらためて埋葬する。ミクロネシアのマリアン島民は、屍体を掘り出して頭蓋骨と骨とをはなし、なつめ椰子の油を塗って大切に保存する。

さて、これらの例では、いわゆる第二次葬として骨があらためて特別の扱いをうけている。そして、そういう例は実はフレイザーを引きあいに出すまでもないのだ。沖縄で貴族を中心としておこなわれていた洗骨をともなう両墓制洞窟様式、奄美大島での台上に安置した屍体を洗骨する風習をとりあげてもいいのである。洞窟などにおいた遺体が風化してから、その骨を海水で洗い、壺におさめて祀るという風習には、ひとつには風化する前の屍体がけがれているのに対して、肉が骨からはなれたときにはもう骨にはけがれがなくなっているという考えかたもあろうが、もうひとつ、やはり骨自体のもつ霊力という考えかたもあろう。折口信夫は沖縄の津堅《つけん》島で「この島はじめた人の骨《コチ》みたまだといふのが、洞《ガマ》の中に今は雨をよける為、小石を積んだ隙から、されかうべや肱骨が沢山見える」さまを伝えているが、その「骨みたま」という考えかたに注意すべきだろう。骨はそれ自体魂《たま》としての呪力をもっていたのだし、それゆえにこそ現世の者が常世とのつながりを失うまいとするとき、骨が鄭重に扱われたのではなかったか。たしかに、「遺骨は浄化した霊魂の依代というべきもの」（高取正男・橋本峰雄『宗教以前』）として、うけとられていたのであろう。ただ、その浄化にはのちの世のさまざまな観念が絡んではいる。だが、骨と霊を結びつける発想は決して珍しいものではない。かつてアーネットは『アメリカ心理学雑誌』（一九〇四年）に、アメリカ・インディアンの一種族イロクォイ族で骨をあらわす「エスケン」と霊をあらわす「アティスケン」とが同系の語であること、同じくアタパスカン族でも骨をさす「ヤニ」と霊をさす「イユネ」とがつながりをもつことなどを報告した。そういう発想がなかったら、洗骨とか納骨という風習はおそらく出てこなかったであろう。日本の本州でも、すでに縄文文化期中期以降、洗骨の風習もあった。この場合は風葬でなくて土葬だが、土葬ののち白骨化するのを待って掘りおこしたものであろう。たとえば千葉県松戸市寒風貝塚が、一度埋葬した遺体をのちに洗骨してあらためて深鉢形土器におさめる風習のあったことを証拠立てている。縄文文化期の後期・晩期になると、遺骨を甕や壺におさめた例はかなり多く、弥生文化期には、山口県土井ヶ浜遺跡の場合のように、ある遺体の枕もとや足もとに別の遺体から切りはなした頭骨をおいた例も出てくる。遺骨になんらかの霊力が認められていたためと解釈すべきであろう。

屍体を火葬してのちに遺骨を蔵するという風習が日本に出てきたのは、仏教文化の影響をうけてであろう。その場合、第一次葬としての火葬があり、しかもその火葬だけではまだ葬送は終らず、第二の段階として納骨がおこなわれる。日本での火葬のおこりについては、『続日本紀』では七〇〇年（文武天皇四年）に元興寺の僧で道昭という者が遷化したときに遺命によって栗原に火葬したが、天下の火葬はこれよりはじまったとしている。もっとも、ここで天下といわれている地域はさして広い範囲ではなかろうが、実は一世紀ほど以前から大和の周辺部では窯形火葬がおこなわれていたのだという説もある。また、「喪葬令」に「凡そ三位以上別祖氏宗は……墓を営むことを得るといえども、大蔵せんと欲すれば聴せ」とある「大蔵」は「火蔵」の誤記で、火葬は七〇〇年以前からあったとみる説、「令集解」に「骨をもって除散するなり」との註があったり、「軍防令」や「賦従令」などに兵士や防人や丁匠などの死者を焼く規定があるから民間ではもっと古くから火葬がおこなわれていたのだという説などあって、この七〇〇年ということには確証はなさそうである。しかし、火葬後の納骨という風習に仏教の影響が強いことは認めるべきだろう。この風習は火葬の受容とともに僧侶や貴族によってまず採用され、やがて徐々に民間に拡大した。仏教諸宗のうちで早く貴族階級の葬祭をほぼ独占したのは天台宗だった。圭室諦成の『葬式仏教』によれば、十世紀から十四世紀初頭までの天皇家の葬法は、第一にごくわずかな例外を別としてほとんど火葬であり、第二に遺骨は主として法華堂に、場合によっては三重塔、多宝塔、五輪塔などにおさめられ、第三に墓標として石塔、三重石塔、九重石塔、十三重石塔、五輪塔などが用いられ、第四に遺骨を法華堂におさめた場合でも火葬の地に石塔を建立する例が多かったという。『類聚雑例』の一〇三六年（長元九年）の後一条天皇の葬送の記事をみると、この葬式が導師、御前僧、法事の僧などの選定にはじまり、念仏の開始、呪願、荼毘、土砂加持、納骨とつづくまことに複雑なものだったことがわかる。そのころ、京都では一般の荼毘所（火葬場）は主として鳥辺野であったといわれる。そこでの送別の情緒は『更級日記』などからもうかがわれる。

鳥辺山谷に煙の燃えたたば
　はかなく見えし我を知らなむ　（『更級日記』）

あだし野の露　鳥辺野の煙は絶ゆる時なき、是が浮世の誡なる　（『壇浦兜軍記』）

しかし、仏教文化がまだ支配層のものにとどまって一般への伝道が消極的だった十一世紀の当時、やはり土葬が行なわれていたばかりでなく、京都の加茂川原などでは屍体遺棄の風習もあった。だが、この風習を遺骸になんらの霊力も認めていなかった証拠ととっていいだろうか。一体、私たちの国の「はふる（葬）」ということば自体、一説では死者を野山に「はふ（放）」ったことに由来するとされているが、平安時代の皇都でなお川原に放られた屍骸は単なる物体だったのか。堀一郎は『宗教・習俗の生活規則』のなかで主として『万葉集』を手掛りにしながら、貴族階級は別として、「庶民の葬法の大部分が遺棄葬もしくは洞窟葬――風葬――ではなかったかと推定」

し、さらに「古墳文化の支配下に、或はそれ以前に、庶民の遺棄葬や洞窟葬が支持され、久しく慣行されていたと推定して大いなる誤りなし」とみている。とすれば、屍骸の遺棄は珍しいわけでないが、その場合でも遺棄された死者は物体だったのか。むしろ、たとえば屍体を遺棄させる穢れの観念と火葬の受容とのつながりだとか、死の神秘にむきあった不安だとか、そういった要素を考えた上で、遺棄葬や洞窟葬、土葬、火葬などをひっくるめて、屍体に対する態度を考えるべきだろう。と言うのも、遺体の処置は葬法によってきまるし、葬法は文化によって規定されるけれども、そういう文化の差を超えて普遍的な死への思い、死者への思いというようなものに注意すべきだと考えているからである。

屍体、ここではその全部についてのみでなく部分についても言うのだが、屍体を保存することと遺棄することとのあいだに、全く異質なものを考えるべきであろうか。一方について死者への愛情を、他方について恐怖をもちだすことはやさしい。たしかに、一方では死者と生者とのつながりを残そうとする意図があり、他方ではそのつながりを断とうとする意図もあろう。だが、この両者を全く別個に考えていいものだろうか。そもそも、限りある現身《うつしみ》をはなれて常世が発想されたであろうか。生者の水泡《みなわ》なすもろき生命をはなれて栲縄《たくなわ》の千尋《ちひろ》にも似た死霊の存在が想定されたであろうか。たとえば火葬の場合をとりあげてもいい。火葬にした骨を拾うことも、その灰を野山に撒き散らすことも、現身の情《こころ》をはなれてはありえなかったろう。『万葉集』巻七は次の二つの挽歌をならべて載せている。

鏡なすわが見し君を阿婆の野の
　花たちばなの珠に拾《ひり》ひつ

秋津野を人の懸《か》くれば朝蒔きし
　君が思ほえて嘆《なげき》は止まず

この二つの歌にあらわれた古人の情を、愛情だの恐怖だのという手垢のべとべとついた形容で片附けてしまっていいものか。その心根は、今様に言えば、この現世の不条理へのやりきれない思いにみちている。その思いの直接の契機は愛人の喪失ではあろうが、根はもっと深い。その深いところから主体がゆさぶられるのが追悼というものだろう。屍体にとりすがって涙にむせぶだけが追悼なのではない。いわんや洗骨や納骨それ自体が追悼なのではない。

玉梓《たまづさ》の妹《いも》は珠かもあしひきの
　清き山辺に蒔けば散りぬる

この聞きようによっては淡くさりげない口調にこめられているものを、私たちは聞きのがすべきではない。

さて、精霊について語った際、「玉床」(魂床)の出てくる『万葉集』中の歌を引いた。玉床がしつらえられたのは、死者の霊がある期間現世にとどまっているとする考えかたに基づくことであったろう。そして、その死霊が眼にみえないながら現身の近くにとどまっているということは、眼にみえないだけに現身の立場からすればやはり不安だったのだ。と同時に、穢れの観念もあったろう。その不安や美意識が両墓制の場合に第一次墓地を遠隔地に選ばせた大きな理由だろうし、遺族の忌みごもりを必要とさせた有力な理由でもあったろう。また、そういう気持に仏教が結びつくことによって、たとえば死後四十九日の中陰の期間を忌中とする風習が普及したともみることができる。忌明けは、死者の霊がいよいよ常世におもむいたという安堵にもつらなっていたはずである。おそらく土葬の場合などには、屍骸が白骨化するのにかなりの時を要しただけに、穢れの観念は強く、死者の霊自体の浄化も手間どったかと思う。その意味では火葬の風習は、火というもののもつ穢れを焼却する役割からみても、私たちの国で受容されやすい性質のものだったろう。いわんや源信の『往生要集』の序にみられるような「往生浄土」と「濁世末代」との対比、念仏を通じての穢土《えど》[8]から浄土への救済の思想が古代律令国家の解体の過程で荘園領主的貴族階級の末法的危機意識をかき立てたころ、現世という穢土を去った死霊が一刻も早く来世という浄土にいたるためにも、火葬による白骨化ということは歓迎されたのではなかったか。と言うのも、穢れの観念は死者の肉の穢れに結びついている。そして、両墓制の場合その穢れが消えるのは骨から肉がはなれる、骨化するということがひとつの目安になっている。火葬にして肉が焼けおちて残った骨は、物体としては決して純白というようなものではない。しかし、白骨というイメージには浄土的なきよらかさへの憧憬も入っていなかったろうか。ただ現世の無常の象徴である以上のものを、それはもっていなかったろうか。仏教的浄土と結びつきえたからこそ、納骨という手続きが重要な意味をもつという面もあったように思う。おそらく、現世の住人が遺骨に対して抱く感情には極めて複雑な要素が入ってきているのだ。それはなによりも死という不可避の可能性に対する複雑な気持を反映している。

末法思想を背景にした浄土信仰が来世での浄化を現世という穢土での生活の一種の目標として立てたのには、それなりの社会的、歴史的な条件があったろう。だが、そういう条件を超えて、魂《たま》についてのむかしからの発想も流れていたはずである。たとえば卒塔婆《そとば》にしても、名称自体古代インド語のストゥーパの音訳だし、万物を地・水・火・風・空の五元素で説明する五輪思想との結びつきもある。けれども、その卒塔婆、五輪塔、さらにはほぼ鎌倉時代に出現した板碑にしたところで、むかしながらの依り代の発想とかなり自然につらなりえた面があったと思うのだ。遺骨にしても同様だろう。「骨みたま」的な発想はやはり消えていなかったろう。遺骨それ自体が霊魂の依り代だといううけとりかたは、つづいていたにちがいない。さらに言うなら、骨だけではない、髪や爪にしても同様だったろう。一部に屍体を焼く前に髪の毛や爪を切りとっておくという風習の存在したことを、私たちは知っている。

昭和二十二年、文部省に迷信調査協議会が設置された。この協議会の第一回報告として公刊された『迷信の実態』（昭和二十四年）には各地の縁起・言い習わし集も載っているが、それをみると夜爪を切るとか毛髪や爪をもやすことがいかに全国的に禁忌とされてきたかがわかる。その協議会の編集になる『俗信と迷信』（昭和二十七年）のなかで、「爪を切って火にくべると気ちがいになる」という言い習わしについて、某委員は「こんな誇張した威嚇的な、そして汚い俗言は無くもがなである」と言い、「その表現もきたなく、ユーモアもない。しかもしばしば人に無用の不安を与える。日本の民族的資産として温存するに値しないものの一つであろう……この種の俗言が全国に行きわたっている原因は、日本人は疑問をもたない国民で、他人の言を無批判に盲信する悪い癖と、古いものは何でも保存しようとする偏狭な保守性のためであろう」という、ずいぶん進歩的な批評を加えている。実際には爪を切って火にくべるだけで気ちがいになるわけのものでないことぐらい、当り前である。身体の一部に霊があるなどと科学的に軽々しく言えないことぐらい、当り前である。この禁忌を字句どおりに盲信することのまちがいは指摘されるまでもない。爪を切って火にくべたら気ちがいになるまいかという不安が無用で、精神衛生上有害だということもわかる。だがこの禁忌が全国的に伝えられてきたのは、他人がそう言うから、むかしからそう言われてきたから、それでなんの疑念もなしに無批判に伝えられてきたにすぎないのか。この禁忌にあらわれ、またこの禁忌から人々が感じとってきた不安が、この禁忌の伝達のなくなったとき、すっかり姿を消すか。俗信や迷信に対する合理主義的啓蒙では処理しきれないものが残らないか。

と言うのも、この俗信の形をとって伝えられて私たちの心性に深く喰いこんできた不安が、ただ客観的、対象的にのみ処理できるものとは思えないからである。この不安は、たとえば遺骨に対するときの気分に通じるものをもっていないだろうか。今日の都会の火葬場でも、その形状も色調も「きたなく、ユーモアもない、しかもしばしば人に無用の不安を与える」遺骨を、遺族たちが木と竹の箸でつまんでは壺におさめる風習はみうけられる。これまた古くからのしきたりに盲従する悪癖、偏狭な保守性のためだけであろうか。おそらく科学万能合理主義的信仰からみれば、遺骨を保存することは無用だし、遺骨を粗末に扱うことをはばかるその不安も無用であろう。この風習が客観的には無価値だとしても、しかし、主体的価値があればこそ、いまなおこの風習があるのではないか。むろん、それと毛髪や爪に関する禁忌がただちに同一とは言わないが、たとえば形見としての毛髪や爪のもつ主体的価値ということを考えた場合、この禁忌がながく伝えられてきたそれなりの感じかた、それなりの不安は、たとえこの言い習わしはいつか忘れられるにしろ、無批判な盲信という日本人の悪癖や偏狭な保守性を指摘され、だから日本人はだめだというような口調で威嚇してもらったところで、そう簡単には消えうせまいと思う。

爪に関する禁忌のひとつに「から爪」がある。柳田国男の『禁忌習俗語彙』から引いておく。「爪を剪るときは爪の先をちよつと舐る習はしが佐賀地方にある。から爪を剪るのは不吉の場合ばかりといふ。このあたりは親が死ぬと、其子は皆一同に爪を剪つて棺中に納める。故に平日は兄弟揃つて爪を剪ることをきらふといふ。デヅメを剪ると人中で恥をかくと関東ではいふ。出爪は家を出がけに爪を剪ることで、是も或はもと葬礼と関係があつたかと思ふ。」この禁忌も含めてのことだが、古くからの禁忌に、いかにものとつねの厳然とした区別があらわれていることだろう。夜爪を切ること、毛髪や爪を火にくべることが禁忌とされてきたのも、ひとつには同じ区別を守ろうとする気持からのことであろう。言うまでもなく葬礼もまた、つねのときではありえなかった。葬礼を連想させる禁忌は「左臼」「一杓子飯」「一服茶」「一本花」「逆さ水」[9]など枚挙にいとまないほどである。そして、そのようなものとつねの区別にも、それなりの主体的価値はあったにちがいない。ものの日の非日常性をつねづね守ろうとする気持を、ただ盲信とか偏狭な保守性で片附けるような偏狭な進歩性を私はもちあわせていない。それに爪や毛髪は、それがたえず伸びること、生命力の象徴でもあることとも絡みながら、骨と同様にとりわけものと結びついてうけとられていたように思う。そして、これは頭蓋骨を貝殻で飾ったり赤色オークルのなかに埋めた人類の祖先をも含めて言うのだが、骨や爪や毛髪になんらかの霊力が想定される、そういう霊力というものも、たとえば遺骨を前にしている現世の人間の主体をはなれたところ、たとえば科学的実証だの神学的教義だのという形で対象的に存在しえなかったろう。ここで問題だったのは自然的な物体としての骨や爪や毛髪ではない。自然科学的法則を超えたところでたとえば骨がひとりの現身にとってもつ主体的な意味こそがとりわけ問題だったはずである。それが科学的にみていかに不合理な俗信かを唾をとばしながら叫ぶ必要もないのだ。死を対象的にしかみることのできぬ者には、常世はつかめまい、死霊の観念に実感は湧くまい、葬送の意味はわかるまい。

Ⅳ　葬　法

1

屍体の処理のしかたを大きく二つにわけると、乾燥葬と湿葬になる。乾燥葬とは屍体を乾燥させて処理する葬法で、これには火葬、風葬、ミイラ葬などがあり、湿葬とは屍体をしめらせて処理する葬法で、これには水葬や土葬がある。私たちの国の場合、かなり古くからいくつかの葬法がおこなわれていた。ということは日本の葬法文化、ひいては社会構造がかなり進化した複雑なものだったことを示している。と言うのも、同質社会では一民族について一葬法というのがまず普通だからである。

日本文化は吹きだまり文化だということが、よく言われている。大陸から半島部へ、半島部から島へという動物の移住と同じ方向に文化の動きを考えた場合、日本という島国が派生文化圏として大陸や半島部の文化を受容しつつそれを同化して新しい変種として発展させていくのが、そしてその複雑な文化が半島部や大陸に戻っていくということをせず、ひたすら受容と展開をくりかえしていくのが、ながいあいだの日本文化のひとつの特色になっていたと思う。すくなくともごく近い時代まで、日本文化が海外文化に影響を与えるということはなかったようである。そういういわば一方的な流れのなかで私たちの国なりの展開のしかたをしてきた文化というものを、むろんさまざまの角度から考えてみることができる。ここでは葬法を中心としながら、これを考えてみたいと思うのだ。

縄文式土器文化期から古墳文化期にわたって、古代の日本で最も一般的におこなわれていたのは土葬だったろう。ただし同じ土葬という葬法についてみても、縄文文化期には屈位の埋葬が多く、弥生文化期には伸展位の埋葬が多いという具合に、葬法と文化とを切りはなして考えることはできない。

縄文文化期に最もひろくおこなわれていたのは屈葬だが、その他、のちの時代と較べて注意すべき点は、埋葬にあたって棺を用いたり特定の施設を用いた痕跡が極めて少ないということである。ほとんどの場合、屍体は住居の附近に掘られた壙《あな》に直接埋められたようである。もっとも、すでに触れたように、中期以降一度埋葬した遺体をのちに洗骨して甕や壺におさめる風習もみられる。その風習が浙江省あたりの洗骨葬と関連があるかどうかは早急には断定できない。

ところで、なぜ屈葬がおこなわれたのか。よく指摘されるのは、次の四つの理由である。第一に運搬の便、穴を掘る労力の節約という理由、第二に手足を縮めるのが当時の睡眠や休息の姿勢だったという理由、第三に早く生まれかわるように母胎内の姿勢をとらせるという理由、第四に死者や死霊の活動を拘束するという理由。私は第三と第四の理由を重視したいと思う。最もひろく通用しているのは第四の理由で、たとえば宮地治郎の『古代前期の宗教』(『新日本史講座』)では、古代人が死を精霊の作用によるものと考え、屍体から精霊が脱出して、さらに他人にまで災をおよぼさないように屈葬にし、また屍体に石を抱かせるとかの方法を講じたものと解釈されているし、西村正衛は『日本考古学講座』第三巻の「信仰」(「縄文時代の生活」)で、人骨の胸部に石を抱かせてあったり顔面に土器がかぶせてあるのを「死者の霊の還ることをおそれたり、霊を鎮めようとしておこなった措置であろう」とみている。金田一京助も「平泉のミイラ」について語った際に屈葬に触れて、「石器時代の屈葬も、原始人が死霊の恐怖から、もう立ちあがれないように、永久に膝を抱かせて、紐で縛って葬った。その紐が腐ったために、縛りは失せて、単なる屈葬に見えるのかもしれない。これが、いわゆる屈葬の本当の起源であろう」(「日本歴史」昭和二十五年十二月号)と推測している。むろんすべて推測の域を出まいが、だが、同時に死と再生との結びつきも考えるべきだろう。「原始的思考にとっては、死や誕生や成年はそれぞれ死と復活の関係として循環的に結合しあっていた」という見方から、西郷信綱が『詩の発生』で主張するように「考古学上のいわゆる屈葬の制にしても、死者を怖れるあまり縛ったというより、肉体を胎児の状態にもどして埋めたと見るべきであろう」とする解釈も捨てがたい。一般に葬送をひとつの再生儀礼としてとらえることも可能である。私自身『恍惚の倫理』で成年式などについて指摘した生↓死↓生というパターンをここにも適用してみたい気持もあり、また残された者の立場からは死霊への不安、死んでいく者の立場からは再生の願いが屈葬の主たる理由だったと考えたい気持もあるのだが、断定は慎しむべきだと思う。

さて、縄文文化期の葬法の主流だった屈葬に対して、屍体をあおむけに横たわらせて葬る伸展葬は、主として社会的地位の高い者のあいだでまずおこなわれたようである。そのいわば特権階級の葬法だった伸展葬が、膝をまげての伸展位というような過渡的な段階を経て、やがて一般化する。そして、弥生文化期にいたると、依然屈葬の事例もかなり多いが、かえって伸展葬が普通になってくる。また、この体位の移行とならんで、墓制の上にも変化があらわれてきて、弥生文化期が近づくにつれて、たとえば愛知県吉胡貝塚に四百体近い埋葬人骨が残されていたことからも推測できるように、ある種の人為的施設のあった証拠もはっきりしてくるし、副葬品も複雑になってくる。さらに、胎児や幼児の甕葬の風習も出現する。

弥生式土器文化期の日本が全国的にみて同一の文化状態にあったのでないことは言うまでもないが、一般に弥生文化期の上限はほぼ紀元前三〇〇年前後とされている。弥生文化の発生地域は北九州地域であった。ということは、この文化の起源に大陸文化の影響のあったことを暗示している。杉原荘介は『日本農耕文化の生成』中の同じ表題の論文でこう述べている。「この弥生時代の文化が、日本においても、北九州地方にその起源の場所があるということは、きわめて重要な意味をもっている。それは、その文化が大陸文化の影響によって成立したものであろうことを暗示しているからである。事実、板付遺跡においては、縄文時代の伝統ある石器に交って、縄文時代にはかつて見られなかった石庖丁・石鏃・石剣・鑿形石器などの磨製石器が存在して、その遠い源流が東洋大陸の新石器時代文化にあることを物語っている。しかし、直接の母胎である文化が何であったかは、大陸側の研究の現状からでは、これを具体的に指摘することは困難である。」この点では、たとえば最近発掘された朝鮮半島の広州可楽里の遺跡から出土した可楽式土器と日本の板付式土器との比較というような、今後に残された課題が多いようだが、ここでは一応朝鮮半島経由の文化の影響ということを念頭におきながら弥生文化期の葬法を考えてみたい。

弥生文化期前期の葬法について、杉原荘介は「日本農耕文化生成の研究」（「明治大学人文科学研究所紀要」第二冊）のなかで、集落地域以外に墓域を定め、共同墓地を設けるという現象が出てきたこと、支石墓、箱式石棺、配石墓、甕棺など、自然石や日常の土器を使用したにしてもともかくも新しい構造をもつ墓があらわれてきたこと、ただしこの新しく発生した墓地施設は、決してある社会の特定の者のためのものではなかったことを、指摘している。たしかに弥生文化期に入ると人為的な施設による埋葬の跡が歴然としてくるし、埋葬方法も複雑になってくる。下甕を斜めに埋めてそこに遺骸をおさめてさらに上甕をかぶせるという方法を主とする甕葬、板状または塊状の石材で四方をかこんだなかに屍体をおさめる箱式石棺、埋葬の位置を示すために大きな石をおいた支石墓、銅剣や鏡や玉のような副葬品など、縄文文化期とはちがった要素が私たちの国の葬法のなかに入りこんでくる。その他、腐朽しやすいために今日では残っていないが、木棺も用いられたろうし、棺なしの埋葬もあったであろう。胎児や幼児の場合、弥生式土器のなかに屍体がおさめられることもあったであろう。だが、一般的にみて縄文文化期と弥生文化期の葬法の上での相違を際立たせている要素の外来的性格ということに、充分に注意すべきであろう。

弥生文化期中期以降、西日本では共同墓地の経営がさかんになったようだし、またあきらかに埋葬を目的とした専用の甕形土器の作製、ある特定の甕棺への宝器の副葬がおこなわれるようになった。佐賀県宇木遺跡では、玉類はすべて日本製だが青銅製品はすべて朝鮮製である。ただ、この遺跡では副葬品はかなりの数の甕棺に分散して発見された。ところが中期後半も最盛期になると、福岡県須玖遺跡や三雲遺跡にみられるように、墓地内の非常に特定の甕棺にのみ豊富な副葬品が集中する現象がみられ、しかもその副葬品に朝鮮製青銅製品以外に中国製の多くの銅鏡その他の宝器が含まれているところから、その被葬者が朝鮮半島経由で中国文化にも接することのできた、かなり権力をもつ族長だったことが想像できる。

弥生文化期の甕棺や箱式棺を中心とする葬制について小林行雄は『日本考古学概説』で朝鮮半島からの影響を考え、「古代朝鮮の民族は、またその葬制においても独自の風習を保持していて、巨石を用いた支石墓や、その支石墓の下に数個の小石室を備えた積石の構造を設けたもの、あるいは単独の箱式棺や甕棺など、いずれも当時の中国の葬制には見られないものであった。そうしてこれらがわが国においては、甕棺、箱式棺の真上に置かれた板石となり、甕棺の家族墓的集団となり、また甕棺・箱式棺としてそのまま行われたことは改めて説くまでもない」と主張しているし、斎藤忠も『日本古墳の研究』その他でこの弥生文化期の葬制の淵源に大陸墓制を考え、南鮮地方と同一の文化圏にある姿勢を注意している。伸展位埋葬の普及もそれと無縁ではなかったであろう。ただ、北九州を中心にして一般的におこなわれている甕棺がかなり大きなもので、二つをあわせれば大人の遺骸を折りまげずに充分におさめられるものでありながら、なかに現存している遺骸からみて屈葬もかなり多かったらしいこと、そこにおそらく縄文文化期の伝統もつづいていたことは注意しておくべきだろう。

さて、福岡県の須玖遺跡や三雲遺跡のようにある甕棺に豊富な副葬品が集中し、そこに朝鮮製さらに中国製のものが含まれている例は、この時期に階層の分化を暗示するような社会的変化が生じていたことを示しているが、この須玖型甕棺墓にみられる厚葬は決して西日本の全域、いわんや東日本にまでおよぶ現象ではない。農業生産の拡大は階層の分化をうながすではあろうが、しかし同じく農耕生活の発展してきた東日本では、縄文文化期からの伝統の上に立っての葬制がおこなわれ、厚葬の風習もない。従って、朝鮮半島の族長との交渉ということも含めて、この厚葬の背景には外来文化の影響があったろう。その甕棺墓を中心とする厚葬の風習は、弥生文化期後期前半まで、北九州地方にはっきりと残っている。これと対照的に後期になって、はじめは族長の宝器だった青銅器に、共同体の祭器としての役割がになわされてきて、日本で銅利器や銅鐸の鋳造とならんで、この共同体の祭器として青銅器をたっとぶ風習が、北九州のみでなく西日本に、さらに東日本の一部にも伸びていったようである。

さて、弥生文化期の原始農耕文化が発展するにつれて農耕民の上に経済的、政治的権力を握った一部の氏族が抬頭してきたらしいのだが、そのような農耕文化の発展のなかから紀元前三〇〇年ごろにいたって、畿内地方を中心にして高塚古墳が出現し、古墳文化が展開する。この四世紀から六世紀にかけてを中心とする時代の古墳が決してこの時代の普遍的な墓制でなく、特定の地位の人々のためのものだったことは言うまでもないが、その上でこの墓制についても外来文化の影響を考えておきたい。

斎藤忠は『日本古墳の研究』で古墳発生の外的要因として大陸文化の影響を考え、私たちの国で古墳が発生した時期に大陸では壮大な高塚古墳が発達していたこと、とくにこの時期に「文化の上で最も関係の深かったと思われる半島の帯方郡の故地においては、墳丘が営造され、内部構造主体としては塼室《せん》が行われた。しかも当時帯方郡の遺民は、その郡の衰亡とともにわが国に流入している」こと、ただ私たちの国では塼室をつくることは技術的に無理だったことなどに注意し、古墳発生のためにはむろん当時の日本人の思想や伝統とか、統一国家の出現とかの内部的要因もあったが、同時に「高塚古墳そのものに、大陸の力強い影響と示唆とのあったこと」を認めている。古墳や埴輪のもつひとつの意味として現世と常世との通路ということのあったろうことはすでに触れたが、そういういわば伝統的な発想とならんで、やはり大陸文化の影響も考えるべきであろう。

古墳には墓室の構造から竪穴式と横穴式が区別されているが、木棺、石棺、陶棺などをおいたのちに石室をつくる方法が古く、のちにおそらく中国大陸や朝鮮半島の文化の影響から、まず横穴式石室をつくり、そのなかに棺をおさめる方法が採用されるようになった。竪穴式石室が主として古墳の頂上近くに設けられ、しかも一人用の埋葬を一度かぎりおこなうところだったのに対して、この横穴式石室は多くは墳丘の下部にあり、なかに石棺や木棺をおさめてもなお多くの余地があった。その横穴式石室に関連して思い出されるのは『古事記』のなかの伊邪那岐《いざなぎ》が伊邪那美《いざなみ》を黄泉国《よもつくに》に訪れる物語である。この神話がこの構造の墳墓を舞台にすることは、まず確実であると考えられる。横穴式石室は竪穴式石室とちがって、あとで生者が死者を訪れることのできるような構造の墓室なのである。森浩一も『古墳の発掘』でこの神話を横穴式石室と結びつけて、こう書いている。「この黄泉国訪問の神話の舞台は横穴式石室であろう。すると、横穴式石室を築くことは、死者のために黄泉国をこしらえることでもあった。女神がすでに黄泉戸喫(10)をしたためであろうか。横穴式石室にはかまどやこしきなどの炊事用の道具、あるいはその模型を入れていることが多い、死者は黄泉国でもなお生前と同じように人間的な生活をつづけていると古代人は考えたのである。」「男神は手さぐりで暗黒の羨道をとおって玄室へたどりついたのであった。そこには全く光がなかった。だから、櫛の歯に火をともした。当時の櫛は竹製であるから、マッチの軸のようによく燃えるのである。そうして暗黒のなかに一瞬照らしだされたものは、蛆のたかった腐りつつある屍であった。」また、後藤守一も『古事記大成』第四巻の「古事記に見えた生活文化」でこれと同じような解釈を考えている。「これは横穴式石室の中に入りこみ、棺の中にねむる愛妻の死骸の腐乱し行く物凄い姿をのぞきみて、そのトンネル様の出入口を逃げ帰ったと解釈するのが話は一番穏当となる。」

その横穴式石室が大陸文化の影響をうけている点については、数多くの指摘がある。たとえば末永雅雄は「後期古墳の時期における新しい古墳の方向づけのひとつは、横穴式石室の出現と壁画である」とし、「横穴式石室は大陸半島の古墳の現状から推察して、六世紀かその直前の時期に、わが国の古墳の内部構造に革新的様式をもたらしたと思われ、壁画はこれに伴って波及したものとすべきである」(「月刊文化財」昭和四十年一月号)と主張しているし、小林行雄も「横穴式石室が日本古来のものでなく、大陸系の墓室の構造法であることはあきらかである。したがって、日本に横穴式石室が出現したのは、中国ないし朝鮮からその形式が伝来したものであろうということは、ほとんど疑う余地がない」(『装飾古墳』)として、日本でこの形式の石室がつくられはじめた時期を、ほぼ五世紀の前中期と推定している。

この構造上の外来文化の影響と絡んで、副葬品が問題になってくる。古墳文化期の前期と後期を比較した場合、前期の副葬品には剣、鏡、玉、宝器のような呪術宗教的色彩の濃いもの、鎮魂呪術に関連があると思われるものが多いのに対して、後期の副葬品には日常的、実用的な器財が多く、現世の延長のような形での来世生活を想定する考えかたがうかがわれる。こうような観念が大陸の葬法の影響を強くうけた後期の古墳の副葬品から認められることは、注意すべきだろう。死後も現世と同じように生活するという考えかたは「東亜における一貫した流れの上に立っている」(斉藤忠『上代における大陸文代の影響』)のではないか。そして、このような来世生活の観念には、縄文文化期の屈葬に関して指摘した死霊への不安と比較した場合に、霊魂観念自体のある種の変化を推測させるものもあり、死者をおそれて封禁するよりも死者に親近の情を抱くという態度が出てきたと解釈することもできよう。だが、だからと言って死の不安、死霊にかかわる不安が消失したとは到底考えられないし、穢れの観念がなくなったとも思えない。『古事記』の神話も、千引《ちびき》の石《いわ》を黄泉比良坂《よもつひらさか》に引き塞《さ》えたと伝えている。やはり現世と常世とははっきりと区切られねばならなかったのだ。

さて、おそらく大陸文化の影響は石室の構造や副葬品だけにとどまらなかったであろう。そういう大陸文化が畿内に強く影響していること、地理的にはともかく文化的には畿内が必ずしも九州を直接の媒介としなくなったことが、むろん大和朝廷の権威の確立と無縁とは思えない。そして、その大和朝廷側が儒教と仏教、とりわけ儒教のイデオロギーを支えとする大化改新(六四五年)を断行したとき、天皇を中心とする限られた階層は、いわばみずからの手で、みずからの墓制であった古墳にも枠をはめたのである。大化改新の詔の信憑性についてここで触れるつもりはないが、この詔の冒頭に引用されている魏の文帝の遺詔が示すような儒教思想が受容されるにおよんで「夫葬者蔵也、欲人之不得見也」というような考えかたから墓の規模や造作人夫数や造営日数なども制限され、金、銀、錦、綾、五綵などの貴重品を副葬することもとめられた。さらに文武天皇のとき「大宝令」によって四位以下には墓の造営が禁じられ、三位以上の者と別祖の氏宗のみに許可する方針がうちだされた。場所についても制限が設けられ、道路や皇都のすぐわきにつくることは禁止された。また、墓碑の建立が法的に定められ、さらにこのころ中国文化の影響から、墓誌をおさめる風習も出現するにいたっている。

2

古墳文化期までの日本での葬法の変遷からも、葬法と文化の密接なつながり、私たちの国の葬送文化に対する他の文化圏、中国大陸や朝鮮半島の文化の強い影響はあきらかであろう。むろん大陸や半島からの影響という点では、皇都のあった畿内地方よりも北九州地方がその影響を早くうけている。たとえば阿蘇溶岩でつくって墳墓に立てた石人石馬とか装飾古墳をその例としてとりあげてもよいであろう。しかし、古墳文化期になると、畿内が必ずしも北九州地方を文化的媒介として必須のものとしなくなってくる。それでも、私たちの国の葬法が外来文化の影響をうけながら変化していることは、すでにみたところからも充分に推測できよう。

その葬法上の海外からの影響が最もはっきりしているひとつに、火葬の場合がある。七〇〇年（文武四年）に道昭を火葬にしたのが日本の火葬のはじめだという『続日本紀』の記述が事実でなく、それ以前にすでに火葬がおこなわれていたにしても、道昭が仏教の僧侶であり、しかも彼の火葬が彼自身の遺命によったということ自体、葬法と文化の密接なつながりを示す一例でもある。斉藤忠が『上代における大陸文化の影響』で主張したように、「道昭その人が、唐に留学して玄奘三蔵に師事した人であり、殊にその祖先は百済人として大陸文化の受容にも先端の位置にあった船氏の出であることを思うとき、その記事のもとづくところ必ずしも所以なきことではない」であろう。この道昭の火葬後まもなく七〇二年（大宝二年）に女帝の持統天皇が飛鳥岡に火葬にされたが、『続日本紀』の記録ではこれが天皇の火葬のはじめである。その後、歴代の天皇や藤原氏などの貴族も、火葬をおこなうようになった。

仏教と火葬とのつながりはアーリヤ人の習俗に由来するものであろう。F・グレゴワールの『死後の世界』によれば、「アーリヤ人はもともと死者を土葬にし、死者が地上の生活に似た生活を地下のヤマ神の国でも続けるのに必要とするものをすべて墓に入れてやった。後になると火葬が始まり、死骸といっしょに大切な品物（または生き物）を焼き、炎がそれらを死者といっしょに死の国に送り届けるようにした。その場合に、死の国は天にあり、正しきもの、敬虔なるもののみが行けるのである。」（渡辺照宏訳）　この指摘が正確だとすれば、むしろアーリヤ人が土葬から火葬に切りかわったその要因はどこにあるかが問題になりそうだが、グレゴワールはその点には触れていない。ともかくアーリヤ人の習俗である火葬が仏教とともに中国にわたり、それがやがて私たちの国に入ってきたと考えられる。ただ中国では儒教の影響から、火葬はあまりおこなわれていなかったようである。渡辺照宏の『死後の世界』では、おそらくアーリヤ人の影響からインドで火葬がさかんになり、上流階級からはじまって一般におよんだ事情、インド・アーリヤ人が火葬を選んだ理由に彼らの祭祀において天上の神々に捧げる供物を火中に投じて煙として立ちのぼらせることに関連して、死者を焼いて天上の祖先たちのもとに送りとどけるという理由も考えられるが、この理由は有力な理由であっても唯一の理由ではあるまいということが指摘されたのち、次のように書かれている。「インドではヒンドウ教のみならず、ジャイナ教や仏教でも火葬が採用された。仏陀シャーキャムニの遺骸をクシナガラで火葬にして、遺骨を諸国に分配して塔を建てさせたことは有名である。仏教といっしょに火葬の法も中国に伝えられたが、ここでは死体を大切に保存する習慣が根強いので、火葬は一般に歓迎されなかった。クマーラジーヴァその他、外国人僧侶は遺言によって火葬にしたが、中国人僧侶は多く土葬で、唐の玄奘のように永年インドに留学したものでさえも遺体を埋葬した。しかし禅宗ではインドの風習にしたがって荼毘を用いた。宋代には民間に火葬が流行し、儒学者はこれを孝にそむき礼をすてるものとして非難し、南宋の高宗は火葬禁止の令を出した。日本では仏教の渡来によって火葬が始った。」

さて、その仏教だが、仏教諸宗のうちまず貴族階級に喰いこんでその葬祭をほぼ独占したのは、天台宗であった。天台宗の葬祭の中心は法華三昧、常行三昧(11)であり、とくに最澄の弟子円仁が唐から帰朝したころからは、それまで天皇家はじめ、貴族階級に接触して教勢拡張をはかっていた真言宗に対して、主として感覚的ないし気分的な面で浄土信仰を植えつけていくことによって巻きかえしを企てている。すでに最澄も自分の時代を像法時末期と考え、かなり強く末法観を意識していたふしがあるのだが、円仁以降の天台宗はとりわけ貴族階級の末法的危機意識をあおりつつ極楽浄土への憧憬を高めていったようである。厭離穢土《おんりえど》の強調が一層没落貴族階級の葬祭をはなやかにする傾向をうながしたことは、推測することができる。この貴族階級に浸透した天台宗に対して、まず武士階級に浸透した禅宗の場合には、儒教や浄土教や密教の影響も強くあらわれている。元来は修道中心のものであった禅宗が中世後期にいたると、出家的なものよりも在家的なものに、坐禅的なものよりも葬祭的なものに重点を移していくことは、圭室諦成が「中世後期仏教の研究」(「明治大学人文科学研究所紀要」第一冊)で指摘するとおりかと思う。

平安時代も十二世紀になると藤原氏の勢力が衰え、白河、鳥羽、後白河の三上皇による院政の時代に入るが、その時期、京都では数多くの寺院の建立があった。むろん、その背景には仏教的末法思想の流行もあったであろう。しかし、その時期にもなお、一方では『餓鬼草子』(十二世紀後半)に描かれている盛土塚からも、火葬のみでなく土葬がおこなわれていたこと、また同じ資料から「大宝令」以来の厚葬禁止の傾向にもかかわらず小規模ながらまだ厚葬の風習も残っていたことなどが、推測できる。ある盛土塚には、中央が大きく左右が小さい三本の卒塔婆が立てられ、またある積石塚には供養塔が立てられ、その両側に卒塔婆、さらにそのまわりを小さな卒塔婆群(忌垣)でかこんだものや、五輪塔が立てられているものがある。とすれば、このころすでに五輪思想も葬法の上にはっきり影響をおよぼしていたことになる。また、『北野天神絵巻』(一二一九年)の第八巻にも、土葬を描いたもの、さらに屍体を菰の上にねかせて放置したさまを描いたもの、土葬に先立って棺を安置したさまを描いたものがあるし、土葬に先立って棺を安置して香花を供える建物（霊屋《たまや》）も描かれ、その霊屋の手前には梵字を書いた卒塔婆がいくつもならべられている。これらの絵巻からも見当がつくのだが、火葬にして納骨という風習が仏教文化の影響から出てきたにしても、私たちの国の仏教諸宗は教義上火葬を絶対の条件とはしていなかった。土葬自体の仏教祭化もあった。実際、仏教が民間に伝播するにあたっては、土着の葬送儀礼との融和ないし妥協が必要とされたのであった。仏教と民間の呪術的要素を含む土着の信仰との結びつきがない限り、仏教の葬法が封建社会のなかで、僧侶や貴族階級、あるいは貴族階級にとってかわる武家階級はともかくとして、ひろく民間に浸透していった理由は説明できまい。

その仏教的葬法の民間への浸透は、むろん、貴族や武士の場合よりもおそい。おそらく光明真言を中心とする真言宗の葬法が庶民層に拡大していった十三世紀以降であろう。そして、各宗がほとんど手段を選ばずに教勢を拡張しようとした結果、とりわけ葬祭の面での宗派ごとの独自性は稀薄になり、俗信との混淆がかなりさかんにおこなわれた。圭室諦成の『葬式仏教』に従うなら、民間での仏教的葬法の受容には、次の三つの要因がある。第一に民俗のなかに愛情と恐怖のいりまじった葬式の風習がすでに存在していたこと、第二に死霊の祟りをおそれる信仰がすでに庶民のなかに根強く存在していたこと、第三にこれに加えて仏教が地獄・極楽や十王思想などの宣伝につとめたことである。そして、「中世後期から近世初期、さらに限定すれば一四六七年から一六六五年までの二百年間に」仏教の庶民伝道がいちじるしい進展を示した原因として、彼は「中世後期仏教の研究」のなかで「仏教諸宗が葬祭を中心に、寺檀関係の育成に成功した」点をあげている。この一四六七年とは応仁の乱のおこった年であり、一六六五年とは幕府が諸宗寺院制度を制定した年である。

さて、一六一三年（慶長十七年）三月の直轄都市あてのキリシタン禁令につづいて、一六一四年一月（慶長十八年十二月二十二日）徳川家康の命をうけて金地院崇伝が起草したキリシタン禁令が公布されたが、以来、徳川幕府の政策のひとつにキリシタンに対する弾圧があった。とくに一六三七年（寛永十四年）の島原の乱以降、キリシタン弾圧政策は一段と強化されたが、この政策の一翼をになったものに寺請制度、檀家制度がある。一六七一年（寛文十一年）の条令によって宗旨人別帳が定められたが、仏教の寺院は領主から集印地や除地（年貢をおさめなくてもよい土地）をもらい、宗門人別帳の管理にあたった。毎年、宗門人改めがおこなわれ、出生や死亡の際には檀那寺への届け出が義務づけられ、仏教の僧侶が納棺や埋葬に立ちあった。仏教はいわば幕府のキリシタン弾圧方針にのって、その勢力を大きく拡げえたのである。

当時の仏教がかなり世俗化したものであったことは、たしかであろう。私たちの国への仏教の渡来は古いが、仏教が私たちの国に定着する、とくに一般庶民層にまで定着していく過程で、それは伝統的な神祇観念とか修験道的な俗信とかの要素との妥協もしくは一種の融合を余儀なくされたのであった。神道との関係について言えば、いわゆる神仏習合はすでに奈良時代に遡ることができる。もっとも、奈良時代末期には、神は人間のあいだに生をうけて仏の救いを求めており仏によって救われるべきものだという考えが、神仏習合の根拠になっている。その神が仏教側で仏とほぼ同等の資格を獲得したのは平安末期のことであって、この時期にいたって日本の神も印度の仏も元来は同じものだという考えが出てきた。原田敏明は『神社』でこう述べる。「仏も神と同じく、薬師の利益や観音の霊験が神の加護と相並ぶものとなり、寺あれば社あり、社あれば必ずこれに寺が附随していることになった。両者は二にして不二、全く一致するものであった。この実状を仏教の立場から説明したのが神仏習合の所説ともなり、さらに進んで本地垂迹の説ともなってきたのである。すなわち日本の神は本来は印度にあって、それが衆生と結縁の方便として、日本の神となって姿を日本にあらわしたとするのである。」そして、その仏教の側では来世思想を背景にしながら、「死後の冥福を祈る供養が祖先崇拝の考えと相まって、死者の成仏を願うことが仏教行事の大きな部分を占めてくる。寺院にしても祈禱寺から菩提寺へと変化し、死者の霊がそのまま「ほとけ」ということになる。そうなると「ほとけ」とはむしろ仏壇に拝まれる死者、祖先の位牌ということにまでなったのである。」この場合、庶民の仏教受容のしかたは、ほとんどその習俗の次元を脱していない。相原祐泉も『宗教史』(『体系日本史叢書』)中の「仏教」(「幕藩体制の成立と宗教の立場」)で指摘しているのだが、彼らの「信仰形態は純一な仏教信仰ではなく、複雑な民間習俗、固有信仰との結びつき」を示していて、「江戸時代の庶民仏教は、おおむね仏教的には非本質的であるが、このようなかたちで庶民の側から受容し、それをますます多様化し普遍化し生活化していった点に大きな特色がある」とみることができる。

ところで、江戸時代の仏教の勢力伸長に力をかした檀家制度の問題に戻るが、この制度はたしかに一面では仏教を利した。しかし、他面、僧侶の政権への密着ということから、のちの排仏思想を招く一因にもなった点で仏教にマイナスの作用もしている。この江戸政権に密着した仏教に対する嫌悪や反撥はやがて排仏毀釈運動という形をとるのだが、たとえば神儒一致の立場から仏教を攻撃した林羅山や熊沢蕃山、江戸中期にいたって復古神道を説き日本の民族性の尊重を主張しつつ神道への純粋な信仰に立脚しようとした賀茂真淵や本居宣長や平田篤胤らの国学者たちが、この運動の推進者の役割をはたしたし、水戸、岡山、会津の諸藩ではすでに十七世紀中に具体的な排仏運動がおこなわれている。このような運動が出てきた理由として、圭室諦成の『葬式仏教』は、第一に定型化した仏教主流派の教説と現実化した民衆の宗教的関心とのあいだに溝ができたこと、第二に儒教の日本的展開があり国学がおこったこと、第三に檀家制度強行のために封建社会に対する寺院側の圧迫が増大し、財政に乏しい幕藩体制自体が自衛上寺院側の圧力をはねかえす必要が生じたこと、以上三点をあげているが、このうち第二の儒教の日本的展開、国学の興隆ということを葬法と結びつけながら問題にしたい。

仏教に対する反撥を葬法の上でみた場合、まず儒教が問題になってくる。儒教の普及にともなって、火葬を人情に反する残酷な風習とする考えかたが拡がり、そのため将軍や大名もやがて土葬を採用するようになるし、さらに土佐藩の野中兼山や会津藩の保科正之のように、一般庶民に対しても土葬を推奨する者があらわれ、仏教諸宗もまた、主として真宗をのぞいては土葬によるものが多くなってくるのだが、しかし真宗が例外だとしても、これは別に真宗が教義上土葬を禁じていたわけでもないし、一般に民間での土葬の場合には、それまで火葬だったものが儒教の影響でふいに土葬にかわったというわけでなく、土着的な民間信仰と結びついた土葬の伝統を考えるべきであって、土葬の実施それ自体が必ずしも仏教への反撥とは言えない。だから、火葬か土葬かという問題は庶民の問題より知識階級の問題だったわけだが、その前に十七世紀にすでに儒教文化の影響を強くうけた知識階級のあいだで仏葬祭への反撥のひとつとして儒葬祭がおこなわれた事例をあげておくと、一六五一年に野中兼山が母の死に際して、一六五六年に林春斉が母の死に際して父の林羅山とはかって、一六九五年に徳川光圀が儒臣朱舜水の死に際して、儒葬祭をおこない、一六九九年には光圀自身も儒法によって葬られている。

さて、儒教の日本的展開ということと国学の興隆とは本来密接に絡みあい、切りはなして考えることはできないのだが、ここで江戸時代の排仏運動をとくに葬法との関連の上で問題にしておくとすれば、いま名前をあげた野中兼山は土佐藩家老として火葬を禁止し、罪人の死の際にのみ屍体を焼いて遺骨を葬らせたという。熊沢蕃山は『葬祭弁論』のなかで火葬を排斥して、「実に有罪のものを刑罰するにひとしく、国守たる人のゆるすべきところにあらず」と言っている。ただ、蕃山は『集義外書』では、火葬もまた時と所によっては許されるという考えにかわっている。荻生徂徠はどちらかと言えば仏教側に好意的なのだが、それでも『政談』のなかで、仏教寺院が「銭取のために」死人を葬ったり戒名をつけたりする風習に対して批判している。大月履斉は『燕居偶筆』のなかで火葬を攻撃して、「中にも悲しきことは、火葬なり、釈の道昭寂して、己が屍を火葬にせしより、事行はれて、世々の天子をさへ火に入し世もあり、申も勿体なし、されども人心自然の善、末世とても絶べきにあらねば、何となく浅ましきことに思われけるにや、中古より天子火葬はやみぬ、それより以下は、今に盛に行はれて、風にもあてがたき君父の体を、猛火の中に入れて、灰土とすること、臣子たる者、いかに仏の道に迷へばとて、本心是をこころよしと思はんや、況や大名商家、万人の上に立たる人を、穢多おんぼうの手へ渡して、尊体を焼崩す、希有とも無道とも、悲にも泣れざる悲なり」と言い、「日本は上古より神道を以て治め給ふ掟なれば、ケ様のけがらはしき教へをする者、急度停止あるべきこと也、それほどにこそなくとも、国々もせめて国中に火葬を禁ぜられれば、儒法までもなく、日本神明の遺徳とも申すべし、されば今にても、伊勢一国には堅き御法度なりし、神道の遺風少しは残れり、かやうなことも、人主なる人知し召さば、国中に触をなし、火葬を堅く禁じ給はば、人倫忠孝のはしとも成るべし」と提案している。中村蘭林も『講習余筆』のなかで、火葬が中国の悪俗であり、孝道の上から忍びがたいものであることを述べて、火葬禁止を主張している。蟠養斉も『治邦要旨』のなかで、「喪と祭とを儒法にて取扱はすべし、これ大事なり、中にも火葬を第一にきびしく禁ずべし、儒法を用ひぬは、不孝不忠の至極なり、ことに火葬をするは、手にかけて殺すと同じ、甚悪事なり」とまで批評している。このように江戸時代の排仏運動は葬法の上では主として火葬の非人道性ということに批難を集中しているのだが、この動きにさらに神道の神職者の仏葬反対運動が絡むのである。

奈良時代に遡る神仏習合に対する神道側の反抗の歴史も古い。すでに応仁の乱直後に京都で吉田兼俱が唯一神道を提唱して、儒仏は枝葉花実で神道こそ根であるということを主張している。しかし、江戸中期までは、神道側の仏教に対する反抗はまずほとんど結実しなかったとみてよいのではなかろうか。第一に神道が仏教を排撃するだけの力をえるためには、神道自体の理論的基礎づけがかなり強固であることを要したであろうし、第二に仏教が民間に定着する過程で神道や俗信と結びつかざるをえなかったように、神道もまた一方では神仏習合的祭祀をいとなみ、他方では民間の祭事行事の復活という形で民間に根を張る必要があったであろう。それに民衆にすれば、おそらく神学的理論よりも生活行事に即した面での神道的なものに関心があったろうから、近世に入って民間信仰と妥協しながら郷村に浸透してきた仏教に対して、そのまま神道がアンチテーゼになったわけでなく、仏教と神道の暗闘はむしろほとんど民衆とかかわりなく、政治に近いところでおこなわれたとみるべきであろう。具体的にはたとえば檀家制度に対する政治的抵抗である。

実際、幕藩体制に入ってもなお、と言うより一層、仏教に対して従属的であった神道がまず当面の問題としたのは、みずからの寺檀関係からの解放であり、その問題解決のための動きのひとつが神葬祭の実行であった。そして、これに関しては、先にも触れたように檀家制度が仏教にマイナスに作用したという一面もあって、神職者の離檀問題はかなり早くからおこってきている。辻善之助はこの点について『日本仏教史』のなかでこう述べている。「神職といえども、一般人民と同じく檀那寺を持っていなければならなかった。然るに檀那寺が檀那を圧迫するに依って、一般に僧侶を厭う傾向が著しい。況や神職に於ては、その職掌柄、平生僧侶と敵対の地位に立っていたが為に、檀那寺に対する反感は殊に甚しい。ここに神職の離檀問題が起った。すなわち檀那寺を離れて、自分で神葬祭を以て弁じてゆきたいというのである。」このような神葬祭実行運動はかなり早くからくりかえしておこなわれてきたが、徳川幕府が吉田神道の神職者とその嫡子に限るという条件で神葬を認めたのは、ようやく十八世紀末にかかる時期であった。なお、神職者以外の葬儀に、大名では会津藩の保科正之の例があるが、これは幕府の認可をうけてのことではない。幕府では、宗門人改の制があるために、会津藩からの申し出に対して正式に認可を与えることができず、結局、特例として黙許という形をとらざるを得なかった。ただ、この保科正之の神葬が神葬実施の運動にとってひとつの橋頭堡になったことは、認めてよいかと思う。しかし、大勢としては宗門人改の制が巨大な壁となっていて、明治維新後にこの壁が撤去されることによって、ようやく神葬がにわかに増え、とりわけ薩摩や大隅や日向ではほとんど国をあげて神葬祭がおこなわれるにいたった。そして、明治五年、大教院で編纂され近衛忠房、千家尊福の名で公にされた『葬祭略式』によって神葬の形式的規定が完成するのである。

さて、神職者たちが当面の問題として神葬祭実施、この葬祭をめぐっての仏教に対する反抗に対して、その理論的足場を提供したものに、国学者たちの排仏論があった。なかでも、儒教的排仏論を継承しながら国学的、神道的な立場でこれを理論的に組織した平田篤胤の復古神道の影響は、のちの神道国教化の動きとも絡んですこぶる重要である。実際、平田の復古神道は文久年間以降、各地の下級武士、地主、神職の層に急速に喰いこんでいったし、いわゆる一新当初、とくに廃藩置県までの時期に思想上指導的な役割をはたした傾向のひとつには平田派があり、神仏判然、排仏毀釈、神道国教化という一連の動きをこの線で辿ってみることも必要なのである。その平田篤胤の排仏論を代表するのは『俗神道大意』と『出定笑語』であろうが、とくに後者のなかで彼は仏教の教説を妄説としてしりぞけ、「人々定説なく」「各々思ひ思ひに、釈迦の説に託して」いるにすぎないと批評している。彼からみれば、『法華経』は「薬を取落したる能書見たやうなもので、一向何にもならぬものでござる」し、『観音経』は「これがまた一向に拙きもの」だし、『阿弥陀経』も「其の拙き物なることは、今さら言ふまでも无れども、よつぽど下手な作者と見えて、是ばかりの中で、真に尻口のあはぬことがある」という調子である。「凡て仏者といふものは、今に尻のはげる嘘をついて、夫をひんめくられて恥とも思わず、しあしあまじまじとして居る、こりやみな釈迦の遺風と見えるでござる。」このような仏教批判の根拠になっていたものは、荷田春満の傾向を継承した国学的思想であり、『たますすき』のことばを借りれば「抑我が国は元来神国たる事なれば、神祇をば尊敬いたすべき事勿論にて、仏像などは各々家々の上段正面に置くべき物に非ざる」ものとする神道的国家意識であろう。ここでは平田篤胤の国学を論ずる余裕はもたないが、彼に代表される国学的思想、神道的国家意識が、やがて神道国教化運動につらなり、明治初年の葬祭問題とも絡んでくることを注意しておきたい。

江戸時代の神葬祭実施運動の前に立ちふさがった宗門人改の制という大きな壁が実は神道よりもキリシタンを当面の敵とするものだったことは、いまさら言うまでもない。そして、キリスト教弾圧政策に関する限り、明治政権も幕藩体制時代の政策をそのまま踏襲したのである。その典型的な例が、自葬問題をきっかけとしておこった九州浦上の隠れキリシタンに対する弾圧事件であり、この事件は江戸時代から明治期にまたがって政治権力の宗教への介入ということを考える上でも、大きな問題をはらんでいる。

自分の信じる宗教によって自由に葬儀をおこなうことは、幕初以来の檀家制度によって否認されていた。だからこそ、神葬祭実施運動もその目標に達するために多くの障害を乗りこえねばならなかったのだが、いわんやキリスト教葬の場合に問題が一層厄介だったことは、檀家制度のそもそもの目的のひとつがキリスト教弾圧にあったことからもあきらかである。従って、一八六七年（慶応三年）三月十四日、「浦上村本原郷之者共同」で村庄屋あて「天主教を奉じ、檀那寺の引導を受けずに埋葬すること」の許可が願い出されたことは、いかに幕藩体制末期の当時とはいえ、政治権力の到底容認しえないところであったし、ましてこの願い出に先立って実際にキリシタンの信仰に基づく自葬がくりかえされていた以上、弾圧の及ぶのは自明であったとみていい。「自葬と檀那寺との関係断絶の申し立ては、当時の「御大法」であった、幕初以来の祖法たる寺請制度に対する爆弾的抵抗であった」と、片岡弥吉も『浦上四番崩れ』でこの事件の発端を説明している。かくて、六月十四日早朝、大検挙が開始された。同日、プロシア領事から長崎奉行所への抗議があった。翌日フランス領事、翌々日はポルトガル領事という具合に、外国外交官の奉行所あて抗議がつづいた。さらに七月に入って外国公使国から幕府あてに抗議がなされたが、幕府側はキリシタンという「邪宗門」に対する弾圧をやめなかった。しかも、この方針は明治新政府にもひきつがれた。たとえば一八六八年（慶応四年）三月、太政官の名で公にされた定書に、「切支丹邪宗門之儀ハ堅ク御制禁タリ、若不審ナル者有之バ、其筋之役所へ可申出御褒美可被下事」

とある。かつて慶長十八年に出た禁教令のなかでも、キリスト教が侵略的植民政策とかかわりをもつこと、日本人の伝統的な神仏尊崇の念を誹謗して人倫の常道に有害であること、幕府の法秩序を遵守しない不法なものであることが、禁教の理由として述べられていたが、明治新政権も基本的にはこれと同じ観測の上に立っていたようにみえる。

だが、キリシタンを邪宗門とみることに対して、外国公使団から抗議があり、慶応四年三月の定書は、閏四月四日には太政官布告によって、次のように訂正された。「一、切支丹宗門之儀ハ、是迄御制禁ノ通リ固ク可相守候事。一、邪宗門之儀ハ固ク禁止ノ事。」ここでは、キリシタン弾圧の態度には変化がない。そして、浦上では明治元年にも弾圧があり、翌二年には総信徒三千余人が捕えられて、二十一藩に配流されている。この浦上での隠れキリシタンに対する弾圧事件については、外国外交官たちの抗議があったのみでなく、海外での反響もまた大きかった。明治四年から五年にかけて、条約改正のための準備として諸外国を旅行していた岩倉具視一行も海外でその反響にぶつかり、明治五年三月に一旦帰朝した伊藤博文や大久保利通が正院に対して切支丹禁制の高札の撤廃を具申する羽目になる。だが、自葬禁止の方針は依然あらたまらなかった。その証拠に、ここに明治五年六月、太政官布告第一九二号として公布された通達がある。「近来自葬取行候者モ有之哉ニ相聞候処向後不相成候条葬儀ハ神官僧侶ノ内ヘ可相頼候事。」この方針は実に明治十七年十月まで継続するのである。

明治初年、廃藩置県ごろにかけては、いわば神道国教化政策の全盛期でもあった。神祇官復興、神仏混淆の禁、神祇官を太政官の上位におく、大教宣布の詔、全寺社領の官収、神社社格制度、宗門人別帳廃止等、一連の動きがあり、このような動きの背後には玉松操らの国学者の新政府への発言力を考慮すべきなのだが、そういう動きがひとつの頂点に達した明治五年に自葬禁止令が出ていることは注意していい。この年の十一月には、神武天皇即位の年を紀元とすること、その即位日を祝日とすることが決定されているという歴史的事件があった。その神武紀元なるものが推古朝当時の国政改革を背景にしながら、一二六〇年ごとの辛酉の年に大革命がおこるという讖《しん》緯《い》説に従って推古九年辛酉の年を起点として一二六〇年前を逆算することで定められたことはあきらかだと思うが、その神武元年辛酉正月一日が明治五年にいたって国家的祝日と決定された裏には、むろんいわゆる維新の推進者の側での国家意識があり、その意識は推古―神武への復古意識と結びついていた。その復古意識に基づく国家政策の一環として葬送に対する政府の態度をみていった場合、いままで問題にしてきた自葬禁止令のほかに、もうひとつ、神道国教化の動きのなかで出てきた神葬祭の推進という問題がある。もうすこしはっきり言えば、幕藩体制下で国教的な扱いをうけてきた仏教に対して神道を国教化するためには、当然、仏教に対する圧迫があり、その圧迫が葬送問題にも絡んでくるのは、いわば自明のことであった。

明治三年には大教宣布の詔が発布されたが、その余波のひとつとして、この年に本願寺が「宣教之説諭之事」「神葬祭之事」「廃寺合院之事」「宗旨印形取上之事」の四ヶ条に対する意見を学匠、僧侶に下問している。このうち目下の主題にかかわるのは第二条の「神葬祭之事」であるが、新政権に支えられて拡大する神葬祭実施の世情に対する仏教側の態度を、この下問に対する答申にみることができる。福間光超の報告（「竜谷大学論集」第三八一号）によれば、答申書三十四通のうち、この第二条に対する意見は、「神葬祭よりも仏葬祭の方が教理的にも伝統的にも好ましく、邪宗教防禦等の国益も大である」とする仏葬祭主張説が十通、「神職の徒は神葬祭、仏門の徒は仏葬祭を行うべきであるとする」神・仏葬祭併立説が三通、「怠惰の僧が多いために仏葬祭が捨たれ神葬祭となるのであるから、これらの僧を一掃すれば自ら葬祭は仏教に帰するとする」反省説が六通、「神国の規則として神葬祭の勅命が下るならば従わざるを得ない、葬祭は仏教に必ず要するものではない、とする」神葬祭容認説が四通、「仏教必ずしも葬祭を要しないが、廃仏政策として神葬祭が行われるのだから容認できないとする」不服従説はわずかに一通、そして、この問題に答えないものが十通という内訳である。この内訳からも、神道国教化的な一連の動きに対する仏教側の消極的態度、政権を批判するよりもむしろ過去を反省し、かつ国家的政策との矛盾を避けようとする態度がうかがわれる。廃仏をいかに回避するかに頭を痛めた仏教側の反応の葬送問題の上へのあらわれとして、いまの例を出したわけだが、このような事情を背景にして一八七三年（明治六年）に太政官布告は火葬を禁止している。もっとも、この禁令は二年後の一八七五年に解かれたけれども、キリスト教徒を意識した自葬禁止令の方の解除は明治十七年まで待たねばならなかった。その間、この法令のために浦上の隠れキリシタン、八王子のギリシア正教徒その他、キリスト教徒の受難はすくなくなかった。明治十七年十月、ようやく政府は内務郷達で府県長官あてに自葬禁止令の廃止を指示したのである。「明治五年第百九十二号布告ヲ以テ、凡葬儀ハ神官僧侶ニアラサレハ執行スルヲ許サス、乃自葬ヲ禁止セラレタリ。従ルニ、嚮ニ教導職ヲ廃セラレタルニ付テハ、自今葬儀ヲ執行スルヲ得ルモノハ独神官僧侶ニ止ラス、乃自葬ノ禁ハ自ラ解除セリ。故ニ、自今以後、葬儀ヲ供托スルハ、一々喪主ノ信仰スル所ニ任セ不可ナカルヘシ。然レトモ、其墓地取締及葬儀ヲ執行スル場所ノ如キハ、則其取締規則ニ依テ実地適当ノ警察ヲ施スヘシ。」

さて、葬法と文化とのつながりという点では、まだまだ問題にしなければならないことが多い。ここではごく大雑把に私たちの国の葬法の変遷がいかに文化によって、また政治によって規定されてきたかを描いてみたまでである。けれども、こと葬送にあたっての主体的な気持という点では、そういう文化的条件、いわんや政治権力の介入を超えて、もっと根深い要因があると思うし、それに、ここで辿ってきたのはある意味では文化のいわば表皮にすぎない。底辺にあるものからすれば、表皮などたいして問題でないと言っても、いいかもしれない。それと、いまひとつ言っておきたいのだが、カルチャー（文化）とは、もと、耕やすことを意味したという。精神的土壌から雑草をとりのぞき、肥料を供給し、うねをつくり、種子を蒔き、農作物を育てるといういとなみには、たしかに耕作者の側の問題もあろう。しかし、そこにどんな種子を蒔くにせよ、また技術文明の進歩とともに、たとえば雑草を刈る、肥料を与える、うねをつくる、種子を蒔く、とりいれるという操作がいかに機械化されても、やはりその土地なりの風土的条件がある。さらに、今年の土壌は厳密には去年のそれでなく、ながいあいだに、たとえわずかながらでも、なんらかの変質の過程が進行しているにしても、なお、その土壌自体のもつ条件がある。そういう条件を無視しては、耕作ということはありえないと思うのだ。カトリックの場合に教会法一二〇三条で火葬せよとの遺言はこれを執行してはならない、一二四〇条で火葬せよとの遺言を撤回せずに死んだ者に対しては火葬による葬儀を拒否すると定められていながら、日本では例外を認めている。そういう態度が、ことと文化にかかわる限りは必要だと思うのだ。とりわけ倫理や宗教と密接に絡む次元においては、権力が軽々しく容喙するのは危険である。強い日ざしになれてしまった眼は、暗いところをみることができない。

V 生　死

1

藤岡作太郎の『国文学史講話』には、西田幾多郎の序文が附されている。それは、この二人が中学時代の友人であったという関係からだけではない。藤岡も西田もともに幼い娘を失った父親として、奥深い共感を抱いていたのである。西田が六歳の次女を失ったとき、彼は「此の悲が年と共に消えゆくかと思えば、いかにもあさましく、せめて後の思出にもと、死にし子の面影を書き残した。」それを彼は藤岡に送ったのである。だが、藤岡はそれより先、光子という娘を死なせた感慨を書きしるしたものを、ひそかに篋底におさめていた。やがて西田が所用で上京して藤岡宅に泊ったとき、「逗留七日、積る話はそれからそれと尽きなかつたが、遂に一言も亡児の事に及ばなかつた。」いよいよ西田が帰ろうという朝、藤岡は西田に一束の原稿を亡児の終焉記だと言って渡し、今度出版する文学史を娘の記念にしたいから君も序文を書いてくれと頼んだ。その序文のなかで、西田は藤岡宅での逗留中を回顧して、こう述べている。

「君と余と相遇うて亡児の事を話さなかつたのは、互にその事を忘れて居たのではない。又堪え難き悲哀を更に思ひ起して、苦悶を新にするに忍びなかつたのでもない。誠といふものは言語に表はし得べきものではない。言語に表はし得べきものは凡て浅薄である。虚偽である。至誠は相見て相言ふ能はざる所に存するのである。我等の相対して相言ふ能はざりし所に、言語はおろか、涙にも現はすことの出来ない深き同情の流が心の底から底へと通ふて居たのである。」そして、藤岡に渡された草稿を読んだ感想を、「読み終つて、人心の誠はかくまでも同じきものかとつくづく感じた。誰か人心に定法なしといふ。同じ盤上に、同じ球を、同じ方向に突けば、同一の行路をたどる如くに、余の心は君の心の如くに動いたのである。」

しばらく、この西田の序文から、娘を失った父親としての西田の感慨の一端を引いておく。ここでふいに私事を語ることが許されるとすれば、私にも籍にも入らぬうちに死んだ娘があった。西田は言う。

「亡き我が児の可愛いといふのは何の理由もない。唯わけなく可愛いのである。甘いものは甘い。辛いものは辛いといふの外にない。これまでにして亡くしたのは惜しかろうといつて、悔んでくれる人もある。併しかういふ意味で惜しいといふのではない。女の子でよかつたとか、外に子供もあるからなどいつて、慰めてくれる人もある。併しかういふことで慰められやうもない。」「若きも老いたるも死ぬるは人生の常である。死んだのは我が子ばかりではないと思へば、理に於ては少しも悲しむべき所はない。併し人生の常であつても、悲しいことは悲しい。飢渇は人間の自然であつても、飢渇は飢渇である。人は死んだ者はいかにいつても還らぬから、諦めよ、忘れよといふ。併しこれが親にとつては堪へ難き苦痛である。時は凡ての傷を癒やすといふのは自然の恵であつて、一方より見れば大切なことかも知らぬが、一方より見れば人間の不人情である。何とかして忘れたくない。何か記念を残してやりたい。せめて我一生だけは思い出してやりたいといふのが親の誠である。」「折にふれ、物に感じては思ひ出すのが、せめてもの慰藉である。死者に対しての心づくしである。この悲は苦痛といへば誠に苦痛であらう。併し親はこの苦痛の去ることを欲せぬのである。」 あえて書くが、私の心も西田の心の如く動いた。いや、動いている。

「特に深く我が心を動かしたのは、今まで愛らしく話したり、歌つたり、遊んだり、して居た者が忽ち消えて壺中の白骨となるといふのは、如何なる訳であらうか。若し人生はこれまでのものであるといふならば人生ほどつまらぬものはない。此処には深き意味がなくてはならぬ。人間の霊的な生命はかくも無意義のものではない。死の問題を解決するといふのが人生の一大事である。死の事実の前には生は泡沫の如くである。死の問題を解決し得て、始めて真に生の意義を語ることが出来る。」

ここで西田が「若し人生はこれまでのものであるといふならば人生ほどつまらぬものはない。此処には深き意味がなくてはならぬ」と思う、その「深き意味がなくてはならぬ」という気持は、理屈ではない。西田によって論理的必然を示すためによく用いられる「……でなければならない」という表現と、いまこの文脈で使われている「なくてはならぬ」という表現とはちがう。これは論証ではない。ただ「なくてはならぬ」のだ。「此処には」という「此処」は、子供を失った父親の主体をはなれた対象的な世界ではない。その「此処」になにか深い意味が「なくてはならぬ」のは、予想でもないし、信仰でもない。ただ「なくてはならぬ」と思うのである。意味があるかないかを客観的に問うた上で言っているのではない。此処になにか意味がなくては、どうしようもないのだ。冷静な観察者の位置からみれば、不合理でもあろう。しかし、それでも、ただただここになにか深い意味がなくてはならない。西田はここで運命を考える。「運命は外から働くばかりでなく内からも働く。」「深く自己の無力なるを知り、己を棄て絶大の力に帰依」しようとする。「念仏はまことに浄土に生まるる種にてやはんべるらん。また地獄に堕つる業にてやはんべるらん。総じてもて存知せざるなり」との『歎異抄』のことばを思いつつ、自分をも救い死者にも詫びる境地に達しようとする。むろん、そこには西田幾多郎の思想があり、理論もある。だが、そこにはまた娘を失った父親が自分にむかって、ここになくてはならぬ深い意味を追求しようとする気持もあったと思うのだ。私はこの気持のない限り、葬送は通り一遍の社会的慣習でしかないとさえ思う。そして、「此処には深き意味がなくてはならぬ」という、その「此処」では、死は愛する者の屍体という形で白昼の光にさらされているのではなく、愛する者の死を体験した主体の奥深い闇のなかにあるのだとも、思っている。死はまさに自分自身の死でもあるのだ、と言ってもいい。娘の死は父親の死をはなれてあるのではない。そして、「此処」は深淵である。指さして他人に示すことはできない。このようなところだと、語ることもできない。いまここでは、私にはこのような叙述のしかたしかできない。だから、「この気持のない限り、葬送は通り一遍の社会的な慣習でしかない」とさえ思う、その私の思いかたが独断だと批評されることは覚悟している。その上で、もうすこし論点をはっきりさせておきたい。

私たちは日常生活のなかで、自分にかかわりのない者の死を単なる自然の現象としてみすごすことになれている。いや、自分にかかわりのある者の死に際しても、その死を単なる自然的現象として割りきろうとし、社会的な約束事に従って、その葬儀に列席し、遺族にむかって、通り一遍の悔みのことばを述べる場合がある。それもひとつの葬送にはちがいない。しかし、そんなところに葬送の倫理があるであろうか。もしあるとすれば、たとえば自分が述べる悔みのことばが浅薄で虚偽であることを意識しながら、しかもそれを白々しく口にすることに苦痛を感じる、その苦痛の倫理的性格が問題だろう。それならば、その場合、虚偽でなく真実はどこにあるのか。自分が悔みを述べている相手の情を、自分の情とせよと、そう言うことはやさしい。しかし、それは遺族への同情であっても追悼や葬送ではない。それに、その同情に安手なセンチメンタリズムでなくても、かなりの作為が入りこむとしたら、どうなるのか。相手は、はたして、そのような同情を欲しているのか。むしろ、いま問題になっている苦痛は、もっと主体的な次元でうけとめるべきものであろうし、そうなれば当然、自分自身の死という問題がうかびあがってきていい。みずからも死すべき人間として、まさにその資格で死者を葬送するのがほんとうではないのか。

さて、私たちは自分自身の死をも自然の現象として達観できるであろうか。生者必滅は自然だが、自分という生者の必滅を自然のこととして、そこにはなんの心のそよぎもなしにうけいれることができるであろうか。人間は自分自身の死という問題をかかえることによって、自然からいわば逸脱する。その逸脱があるいは自殺を招き、あるいは極端な生への執着を招く。生ある限り、自分自身の死を不問にすることはできない。

ハイデガーは『存在と時間』の第二編で、死の問題をとりあげている。「死は現存在の全くの不可能性という可能性である。このようにして、死は、最も固有の、他にかかわりのない、追いこすことのできない可能性として、あらわれてくる。」「しかし、最も固有の他にかかわりのない、追いこすことのできない可能性を、現存在は、自分の存在の経過のなかで、のちになって、おりにふれて手に入れるわけではない。そうではなく、現存在が実存している以上は、現存在はすでにこの可能性のなかに投げこまれてもいるのである。」 ここから、死にかかわる不安が、現存在にとって根本的なありかたとして出てくる。しかし、日常的な世界のなかで自分を失っているひとは、死の不安への勇気をおこすことができない。それは一種の逃避であり、堕落であるとハイデガーは批評する。死という最も固有の、他にかかわりのない、追いこすことのできない可能性が「あらゆる瞬間に可能だという、その死の確実性に特有のもの」から眼をそらしてはならない。たしかに死はやってくる、しかし、自分にはまだ当分はやってこないだろう、だから、いずれ後程、という態度では、この死の確実性と、いついかなる瞬間におこるともきめられない死の無規定性とが、不問に附されてしまっている。それではいけない、むしろ、死にかかわる不安こそを哲学の根源にしようというのが、ハイデガーの立場である。彼がこの立場をとった裏には第一次大戦での彼の体験があったにちがいないと思う。

このハイデガーの立場について、田辺元がこういう意味のことを語っている。自分はハイデガーがあれほど死という問題を追求したのは第一次大戦の死生の境をくぐった直接の体験からくるのかと、前には思っていた。しかし、実はそれだけでなく、やはりキリスト教の思想との根源的なつながりが多分にあって、その伝統が彼の戦争での体験と結びついて、ああいう立場をとらせたのだと。これはハイデガーの立場に関する非常に重要な指摘のひとつだったと思うのだが、田辺がこの指摘をおこなった京都大学での講演の題目は「死生」であって、そこで田辺が太平洋戦争の敗色の濃くなってきた昭和十八年五月の暗い時勢を背景にしながら、自分の死生観を述べたのである。

二日後、山本連合艦隊司令長官の戦死が公表されたが、その日、京都大学の史学科に籍をおいていた林尹夫が日記にこう書いている。彼の遺稿（『わがいのち月明に燃ゆ』）から引用しておく。

「十九日のT教授日曜講義「死生」を聴講。すなわち、死は自然現象であり、我々の本性意志のいかんともしがたいものとみる、ストアを代表する自然観的認識論と、これにたいして、死を現実の可能性とみて、それへの覚悟により蘇生の意義をみるハイデッガーを代表とする自覚存在論的態度を説明し、このいずれも現代の我々の死生の迷いを救うものでないとする。しからば我々を救う死の態度とは〝決死〟という覚悟のなかにありとT教授は説く。つまり、死を可能性の問題として我々の生を考えるのではなく、我々はつねに死にとびこんでゆくことを前提に現在に生があるという。この場合、死は Sein（存在）ではなくして Sollen（当為）であるという。」　すぐれた要約である。補足すれば、田辺はこの講演で、生死の問題を考える態度として、三つの立場を考える。第一は自然観的立場、あるいは自然主義的、自然学的な態度であって、生も自然、死も自然という自然の立場から、死と生を無差別にならべる。第二にハイデガーが代表するような人間存在、自覚存在、人間学の立場であって、自然と区別した人間のありかたの自覚から生死を考える。第一の立場は、自然的にものをみるという点で一見実在的だが、実は非常に抽象的に生と死をならべていて、観念的である。現実の死に直面していかなる死にかたをするか、いかなる態度をとるかは観念的立場ではきめかねる。第二の立場も同様で、人間存在が死を契機として含むという自覚があっても、それでただちに生死を脱却するのは容易なわざではない。自分は生の側にいて、その生の側から死を観念的に考えている。実在的な死が、真に生きるということの契機としてとりいれられているわけではない。そこでもっと実際的に死ぬことによって我々の生を新にするような立場として、田辺元は第三の実践的立場を主張する。第二の立場では死を先廻りして覚悟するが、その覚悟はまだ観念的である。それに対して、第三の立場での死の修錬、実践は「決死」という形、実際に死を生のなかにとりいれるという形をとる。実践とは、現実と自己との位置の交換であり、自己を現実のなかに投じることによってかえって現実が自己になっていることだ、と田辺は語る。「死を我々に抱きとるのは、我々自らを死の中に投げ込むことによつて出来るのである。故に死んだからといつて元々私を向ふに投げてゐるのであるから、始めから自由である。死は自己が自由に決めたことである。またもし、生きて果すべきことがあるために生かされるなら、その新しい自己は、いつたん死んだ私が復活せしめられたものである。もはや私は死んだからには、私ならぬものの力で生かされてゐるのであり、死ぬといふ時も、私が死ぬべくして死ぬのである。」そんなことがはたしてできるかという、予想される問に対して田辺は答える。「それは出来る。それどころか我々は実際に行つてゐるのである。出来る、出来ないは、現実に対する観方の違ひによるのである。第一の立場では死が自然に起る、第二の立場では死は必然的な、生の可能性として起るが、どちらも我々が進んで死なうとするのでなく、当為的な死に方ではない。第三の実践的立場では、実践といふときは、そのために生を捧げるべきもの、そのために死すべきものをもつといふことである。死は生の果てに起るものではなく、そのために我々が死すべきものに死すといふ死に方である。」それでは、そのために我々が死すべきものは何か。国だ、と田辺は言う。

ふたたび林尹夫の日記からの引用にもどる。「T教授の論理は、あきらかに今日の我が国の現状の必要性に即応することを考慮した考え方であろう。ここに今日の死生の問題がある。さらにT教授は、人間と神は直接に結合しうるものでなく、それは国家を媒介として、人と国と神が結合するものであり、この三身一体的相互関係を欠くならば全体は成立しない。しかして三身一体の結合を常に問題にしなければならないのは、これらがたえず分離背反しやすい傾向にあるからである。つまり三身一体は常に可変的であり可動的である。したがって学問とは、かかる分離動揺しやすきものを常に強固に結合させるものとして意義がある、と説く。非常にたくさんの問題がある。今日、山本五十六連合艦隊司令長官戦死が公表された。これがなにを意味するものか、我々はしっかり把握せねばならぬ。」林がこう書いた年の九月、学徒徴兵猶予令が停止され、学徒出陣がおこなわれるにいたった。十月、田辺は「京大新聞」に「征く学生におくる贐の言葉」

を載せた。高い調子である。林は十二月、横須賀武山海兵団に入隊し、二十年七月四国沖海上で消息をたった。ところで、「死生」で田辺が、そのために我々の死すべきものとして国をあげた、そういうことを彼に言わせたのは昭和十八年という時代だとみるのは皮相である。田辺はもっと真剣に国を考えていた。『懺悔道としての哲学』や『種の論理の弁証法』を含めて、彼にとって実践は国家的共同体をはなれてありえなかったはずである。

それでいながら、最後期の田辺の死の哲学では、共同体の問題はいわば影を薄くしている。実存的ともいうべき態度が強くあらわれている。それはなぜか。彼の『哲学入門』の第四巻（「補説第三　宗教哲学・倫理学」）の扉には、「この書の脱稿を待たずに死んだ妻の霊にこれを供える」との献辞があり、全集中の『哲学入門』の解説者辻村公一は、私事を活字にすることを極端にきらった田辺があえて扉にこれを書いた心情に、読者の注意をうながしている。また、大島康正から私の聞いたところでも、むろん共同体の問題は田辺元にとって終始重要な問題ではあったけれども夫人の死の体験以降は、田辺は共同体の問題よりも死に関する実存的な思索に集中したという。その思索の軌跡を示すひとつであるハイデガー古稀記念論文集への寄稿論文「生の存在学か死の弁証法か」では、すでに「死生」にみられたハイデガー批判（第二の立場への批判）が一層深いものになり、「死生」での第三の立場（実践的立場）が、国家的共同体ということでなく、禅の公案の立場と結びついて、死の弁証法という形でうかびあがってくる。西欧的思考の特色を示すハイデガーの分析論的な生の存在学を超えるものとして、東亜的思考に沿った弁証法的な死の哲学が語られる。いまここで、死の人間的自覚だけではまだ観念的である、もっと徹底的に決死の覚悟で死を実践しなければ、真に死・復活の自覚はないという、生死の徹底的な主体的交徹から出てきた田辺元の死の哲学を軽々しく論じようとは思わないが、ただひとつ言っておきたいことは、「死生」で田辺が指摘したように、ハイデガーの死の哲学がキリスト教的伝統とハイデガーの第一次大戦での体験との結びつきから出てきたとするなら、田辺自身の死の哲学は、東洋的伝統とくに禅の公案の立場と夫人の死という体験との結びつきから出てきたのではないか、ということである。西田にしろ、田辺にしろ、愛する者の死の体験と彼らの思索とが、他人の介入を許さない根源的なところで、かたく結びついていたという面があると思うのだ。それが西田の娘に対する、田辺の夫人に対する真の追悼だったと、私は信じる。葬送の倫理を主体の側でとらえようとする限り、その根源的なところが最も重要なのではないか。

2

未開文化の段階での成年式の場合、その中心的な儀式として、これから成人の仲間に入ろうとする若者たちが死んだふりをし、しばらくして、生まれてきたふりをするという所作がおこなわれる例がある。この例について、私はかつて（『恍惚の倫理』）こう述べた。「この死と生の物語が表面的に流れて行くだけでなく、同じ自分の内面で、自分の死と蘇生を体験することが、同時に要求されたのではないか。彼が形式的に、少年として死んで、成年として生まれ変わるだけでなく、彼という人間が、死を体験することによって、実質的に変質することにも、この儀礼の倫理的な意図がなかったであろうか。そして、その意図を生かすか殺すかは、体験者自身にも、かかっていたのではないか。」この成年式儀礼と葬儀の場合を比較することができる。と言うのも、成年式と同じく通過儀礼としての葬送儀礼に関して、これを一種の再生儀礼としてみることを許すような材料が多い。けれども、成年式の場合、生↓死↓生のはじめの生が子供としての生であり、のちの生が成年としての生であるのに対して、再生儀礼としてみた葬儀の場合には、はじめの生は現世での生であり、のちの生は常世での生である。また、成年式の場合、この儀礼の部族共同体のなかでの重点は、あくまでのちの生、成年社会の一員としての生にある。葬儀の場合はどうか。

第一に、形の上では、この場合、葬送される者と葬送する者とでは、あきらかに条件がちがう。いま常世に旅立っていく者の立場に、現世の者は立つことができない。現身はただ常世にむかって死者を送り出すことしかできない。その現身の立場からすれば、現世の共同体の一員として葬送儀礼の重点ははじめの生、つまり現世での生にあったであろう。現世の共同体からすれば、葬送儀礼の倫理的意図を生かすか殺すかは、やはり葬送する者にかかっていたであろう。葬送する者が、死によって区切られるべき現世での生の側に立っていることの自覚があった上での、死者の再生ではなかったか。魂《たま》よび(たまよばい)がむなしくなったとき、死者をまもり、弔哭し、最後の共食ののち、死者を常世に送り出す、その一連の儀礼は、霊魂をそのおちつくべき場所に送るために現世の者が死者にしてやれる限りのことをしてやろうとの心根なしには、倫理的意味をもちえなかったろうし、その心根は現世と常世をわかつ死を単なる自然的現象として割りきるところでは出てこなかったかと思う。魂よびにせよ、弔哭にせよ、自然への抵抗であり、死という問題を自覚した人間の立場からの行為であったはずである。その立場の自覚なくして、一体、現世の人間にとって、葬送がどれほどの意味をもちえたであろう。

むろん、前にも触れたように現世の生が死をくぐりぬけることによって到達する常世の表象には、さまざまな宗教的観念が入ってきている。とりわけ仏教が受容され民間に定着していった過程で、浄土信仰のはたした役割はかなり大きかったであろう。そして、葬送儀礼自体がそのような来世観念と密接に結びついていることは、いまさら言うまでもない。だが、みずからも死すべき人間が死んだ人間を葬送するのに、必ずしも壮麗な教義を要するであろうか。たとえば死者の再生ということにしても、その再生の願いが教義学的に正当化されるに先立って、もっと死の根源的な不安と結びついたところで、あるいは現身をいつ死が襲うかきめられないという死の無規定性の不条理にかかわる気持と結びついたところで、発想されたはずなのである。現世↓死↓来世という図式が教義的に外から与えられたものにとどまる限り、この発想自体に含まれていた倫理的な性格はもはや影をひそめる。形骸化してしまった葬送儀礼にふたたび倫理的な内容を盛るためには、葬送にあたって、死の不安を、また、むしろ死の理不尽に対する人間的ないきどおりを抱くところから出発すべきではないか。その上での死者の再生でなければなるまい。

副島八十六の長女の死に際して、内田魯庵が副島に送った書簡がある。内田自身十四歳の長女を失っていたのだが、その書簡の末尾の部分で、内田はこう書いている。「私は理智的に宗教を容れないで今でも猶ほ教外の人であるが、長女が夭折した時は天国の神苑に嬉々として遊び戯れる未死の姿を懐はずにはゐられなかつた。自ら遺骨の灰を地の下深く埋めて今猶ほ宇宙のドコかに存在して再会の期あるを何となしに信じてをる。」ここでの天国の神苑のイメージそれ自体は宗教的であろう。だが、このイメージを抱くのに既成の宗教の教える信仰は要しない。これは教義でなく、理屈でない。内田にこのイメージを抱かせたものは、もっと内田の主体的な深みにある。娘の「未死の姿を懐はずにはゐられなかつた」情をおいて、娘の住む常世はありえないはずである。この情においては、娘の生↓死↓生は、父親の主体をはなれてあるのではない。この結びつきが重要だと、私は思う。

葬送の場合、なるほど形の上では、死は屍体という姿に象徴されて対象的に存在する。その限りは生↓死↓生の図式も対象的なものにとどまり、死者は遺族縁者と無縁に死に、無縁に常世に旅立つ。その旅立ちのための心づくしが、現世に残された者のせめてもの死者への協力であろう。しかし、いま、実質的に死を自分の死としてうけとめたら、どうなるか。自分もいつかは死ぬという意味ではなく、軽々しく使用すべきでない意味での死ぬ思いを抱いた場合のことを、私は言っているのである。その場合、死は、たとえば娘の死であると同時に父親の死である。これを対象化することは断じて不可能である。娘は父親の死をかいくぐらなければ復活しえないのだ。娘の来世は、常世は、父親の主体をはなれたところにありえない。常世は客観的世界ではない。葬送する者の主体にある。娘の再生は父親にとっての当為(Sollen)だと、私は信じる。

ゾフィー・フォン・キューンの死後のノヴァーリスの思索にも、同様の倫理的意図があったと思う。彼の思想についてはすでに『魔術的観念論の研究』で論じたので、ここで重ねて述べることは避けるけれども、普通の年月日でなく、ゾフィーの死の当日を起点として何日目という日付けをもって綴られている彼の日記にせよ、『夜の讃歌』の詩想にせよ、『青い花』の別名で知られる『ハインリッヒ・フォン・オフターディンゲン』の期待の世界にせよ、数多くの断片にせよ、それらのなかにあらわれた思索の跡を辿るとき、この恋人の死をノヴァーリスがいかに自分自身の死としてうけとめようとしたか、そして、その体験を通じてゾフィーの復活がいかにノヴァーリス自身の課題であったか、それが私たちの胸を打つ。魔術的観念論という特異な思想を彼が生み出していく、その彼の主体の底にあった倫理的意図が、いまここで私が葬送の倫理の根源的なものとして考えているものに通じることだけは、この機会に指摘しておきたい。彼はゾフィーを失った悲しみのなかで、夜の世界に沈んでゾフィーの屍灰と混りあうことを決意する。死による還元の完成の軌跡を描くべき彼の全生活が勤行でなければならなかった、そういう生きかたを彼が選びとった意味を、あらためて考えてみる必要があるのではないか。ゾフィーの死と復活がノヴァーリスの主体をはなれてはありえなかったという事実の重みをうけとめなければ、魔術的観念論は身体も神経も弱い若者の空想の世界としてしか映じない。むろん、そこで愛ということを口に出すのはいとやさしい。しかし、愛とはたいへんなことなのだ。いまの私は、葬送の倫理と結びつけて愛ということばを軽く口に出すことを、ためらう。そのことばが一応美しく響くだけによけいそうなのである。

晩年の田辺元に「メメント　モリ」という一文がある。そのなかで田辺は『碧巌集』第五十五則の公案をあげつつ、「生ともいはじ死ともいはじ」という生死不可分離の連関での自覚について語っている。「生と死と何れも人間の自覚に属し、しかも相関連するものとしてのみ自覚せらるること、単に外界に生起する出来事とは異なるのであるから、之を了知するには、何よりも先づ自ら両者を表裏相即不可分離の連関に於て経験し自覚しなければならぬ、両者の外に立つて観想的にそれを眺め、「あれかこれか」と分別する立場に止まつては、たうていその真義がとらへ得られるものではないといふことである。それにつき、客観的事実として「あれかこれか」と二者択一的に判定し得るものでないからには、「生か死か」と問はれても、「生ともいはじ死ともいはじ」と答を拒む外ないのである。しかしその理に想到し、自らの問が客観的には答ふべからざるものなることを悟つて之を断念し、それを語らしめるために慈悲の鉗鎚を加えた先師が、その死に拘らず今もなほ生きて自己の内にはたらくことを自覚すれば、死にして生といふ死復活の真実が実証せられるわけである。」 いま、この文を引いているのは、他でもない、田辺が僧漸源の師僧道吾への懺悔感謝に認めているこの死復活の真実の実証が、葬送の倫理の根源的なものを示していると思うからである。田辺はかつて島木赤彦が『氷魚』におさめた「逝く子」(14)を歌った一連の作品に対して、惜しむことのない共感のことばを述べた。彼は島木の「逝く子」一篇に、人間が人間を葬送する情の真実のありかたをみたのだと思う。「何等の自欺矯飾とセンチメンタリズムとを見ず全体が悲に張り切つた魂のおのづからなる叫び声を成している」この作品に、彼は悲しみをくぐりぬけての解脱の境地を認めた。その田辺の夫人の死後の「死の哲学」への沈潜のなかから、田辺自身が到達する心境に、私は葬送の倫理の根源的なものを認めることができると思う。「死復活といふのは死者その人に直接起る客観的事件ではなく、愛に依つて結ばれその死者によつてはたらかれることを、自己に於て信証するところの生者に対して、間接的に自覚せられる交互媒介事態たるのである。」 私が娘の再生は父親にとっての当為だと言うとき、むろん田辺ほどの生死の交徹のないことを恥じつつも、むしろだからこそ、このような死復活を「当為」という形で自分に強調したいのである。

さて、ここで私が考えたのは、葬送への主体の側での倫理の問題であった。だが、それが葬送の倫理の根源をなす問題であるにしても、なお儀礼としての葬送がもつそれなりの倫理的性格にも私たちは次に注意を払うべきであろう。

VI　はれ

1

万世一系という天皇神話がある。記紀の皇統譜のあの天之御中主神から天照大神へ、そして天孫降臨を経て、神武から幾代をも重ねて現天皇へという垂直の系譜が、天皇による統治の正当化のために幾度となく確認されたのであった。しかし、その正当づけは、ただ系図上天皇が高天原の直系の子孫であるというだけでは、まだ弱い。天皇が唯一の正当な天子であることを主張しうるためには帝位継承権をもつひつぎのみこのなかでただ彼ひとりのみがひのみこたる資格を獲得する手続きが、重要な意味をもっていたにちがいない。もう少々具体的に言えば、万世一系神話を支えるかなり根本的なものが、系図以外に、先代の天皇の崩御から現天皇の即位のあいだにみうけられなければおかしい。

そこで問題になってくるのが、観念としては天皇霊であり、儀式としては大喪と結びついた鎮魂儀礼だろうと思う。天皇が崩御して、次の天皇が即位する大喪の物忌みの期間に、真床襲衾《まどこおふすま》というものが設けられて、次期天皇に予定された人物がその衾のなかにひきこもる。この衾をかぶっているあいだに、先帝の身体を遊離した天皇霊がその人物の身体に入ってくる。これは折口信夫が「大嘗祭の本義」で指摘したところだが、彼によれば、「血統上では、先帝から今上天皇が、皇位を継承した事になるが、信仰の上からは、先帝も今上も皆同一で、等しい天照大神の御孫で居られる。御身体は御一代毎に変るが、魂は不変である。」そのただひとつの天皇霊が、真床襲衾にこもっているうちに身体に入るのである。だから、衾をとりのぞいたとき、その人物はもはや完全に天子としての資格をもっているのである。このみかたをすれば、大嘗祭は一種の再生儀礼に他ならない。西郷信綱も『詩の発生』のなかで、「大嘗祭で布団をかぶって寝る——死んで胎児としてよみがえるという神秘的にして象徴的な復活の劇」である物忌み行事について語っているが、たしかにこの宮廷儀礼には再生儀礼と結びつく要素が強かったであろう。折口は「上代葬儀の精神」でも、この真床襲衾に触れていて、そこでの彼の主張によれば、この衾は「も」の一種である。「も」にこもるという、その「も」も、女の人が腰につけるきれであり、さらにはもっと広い、畳の上に敷いたり板敷にする敷裳《しきも》の「も」なのである。そこで真床襲衾という「も」にくるまるのは、身体がからっぽになっていて、その身体のなかにもの（この場合は天皇霊）の入るのを待っている。それが入ると「も」から出る。そうすると、春がくるのである。「はる」とは外に出ていくことだと、彼は言う。

　葬儀において「も」にこもるのが、復活の儀式の前提をなしていた。そして「も」から出たとき、復活が成ったときが春なのである。そこで「はれ」の世界が開ける。ところで、もし葬送儀礼がこのように再生を予想する儀礼であったとするならば、ここで「も」と「はれ」とは一応区別されるけれども、この儀礼自体を大きな意味で「はれ」の儀礼ととらえることはできないであろうか。つまり、「け」に対して「はれ」を考えた場合、その場合の「はれ」に、葬送儀礼を含めて考えることができないであろうか。

　「はれ」と「け」の対比は民俗学上のかなり重要な概念だと思うが、ここでは一例として折口の「宮廷と民間」から、「はれ」と「け」の対比について語った部分を引いて手掛りとしたい。

「日本では、神祭りの主体となるのは、宮廷の神祭りで、その祭りに於ける主体は、歴代聖主であられた訳だ。主上の御生活には、日常の生活のほかに、神としてのあらたまつた御生活があつた、そのはれの生活は更にけの生活の規範であつて、同時に我々のはれ及びけの生活の典型であつたのである。言ひ換へれば、我々の生活に祭りの方式を摂り入れることは、我々の日常生活の刺激になるから、出来れば、さういふ生活の様式を常に反覆してゐたいと思つて来る。昔の人は、さういふ風に次第々々に祭りの方式を実生活化して来た。祭りの衣服が日常化する事が屡ある。

此がはれの装束である。本道の晴《はれ》の生活は、男として祭りに参与して重大な神事を行ふ際の服装で、世降るに従つて褻《ケ》の生活に転化してしまつてゐる。謂はゞ、祭りの時の生活を日常の生活に摂取しようとするのは、誰もが持つている情熱である。しかもこのはれの生活が、けの生活の規範なのである。」ここで「はれ」が神事、祭りと結びついていること、それに対して「け」が日常生活の次元にとどまることに、まず注意しておきたい。つまり、「はれ」をその非日常性において、「け」をその日常性において、まずとらえておくことが必要だと思う。そして、葬儀もまた、このとらえかたに立つ限り、「はれ」の領域に属する。

関敬吾編の『民俗学』の第四章で、桜田勝徳がやはりこの「はれ」と「け」の対立をとりあげている。「日常生活の間に年中行事とか、祭りとか、法事とか、葬式とか、ひじょうな災害の場合とか、つまり日常の生活態度では間に合わない日」があって、「そういう日は、多くは神とか、あるいは祖先の霊を迎えるとか、そういう中での儀礼を伴う場合が多かった。平常の生活に対して、この儀礼的な営みが行なわれる場合をわれわれは晴れと呼び習わしてきた。晴れとは晴着とか、晴れの儀式だとか、一生一代の晴れの日だとかという用語で示す晴れである。」

私は「はれ」と「け」との対比をまず、「はれ」が「け」の日常的な時間、その習慣的継続性の断絶を条件とする点に求めるべきだと、思っている。「はれ」は「け」の断絶において成立する。その断絶を心理的に可能にする要因としては、たとえば儀式につきものの火や水による浄化であるとか、衣服をあらためる（晴着をきる）とかの手続きがあって、そういう手続きをとおして儀式の参加者の内面で一種の心理的変質の用意がおこなわれた。そういうあらたまった気持によって、その人が習俗的な世界のなかにありながら、日常的・習慣的な意識から脱却することが、習俗自体の日常化、習慣化の危険を救い、そのつど習俗にあたたかい生命が注ぎこまれたのではなかったか。そこにこそ、儀礼というものの倫理的性格も認められると思う。もうすこしはっきり言えば、「はれ」が習俗的時間の連続性を断ちきり、そうすることによってかえって一層根源的な連続性を維持する非連続的な契機として、儀礼の参加者にとって主体的実践的な意義をもっているところに、葬送儀礼をも含めて儀礼一般の倫理的性格をみることができると思うのだ。だからこそ、「はれ」と「け」とは厳然と区別されることを要したのである。そういう明確なけじめをつけようとする心が、いくつかの禁忌の形をとってあらわれたとしても、決して不思議ではない。

たとえば死者が出てすぐつくられる枕飯、枕団子にせよ、出棺のおりの一杯飯、力餅にせよ、そのようなものは普段はつくられてはならなかった。柳田国男の『禁忌習俗語彙』からいくつかを拾ってみると、諏訪では死人の枕団子の粉だけは左臼をまわしてひいた。一膳飯は餓鬼のえさという諺、一膳飯を食えば化物に遭うという俗信、四月八日の虫除けのまじないに紙に一膳めしと書いて膳棚に貼る風習は、いずれもこの飯が凶式の食事であったことを意味する。一さじで盛った飯を食べることが禁忌とされるのも、葬式の前の枕飯を盛り切りにすることから平日はそれを避けたためだろうという。一服茶を飲むなというのも、人の死んだとき供えるのが一杯きりだからである。死人があると枕元へ一本の樒《しきみ》を立てることから、平日は一本を立てることを嫌う。花を一本だけ立てるのは霊をこれに憑《よ》らしめる方式で、古くは必ずしも葬送の日だけとは限らなかった。反物を買ってきた日にすぐに裁つことを買いきりだちといって嫌う。死人の着物ならば大抵はそうしたからである。また、死人の着物は二人も三人も一緒になって縫うが、これを引張り縫いといって平生ははなはだ忌む。死装束を縫う糸は尻を結ばず、返し針もないが、それと素《す》縫いといって、常の衣には決してそうしない。屛風ごしにものをやりとりすることを嫌うのも、棺桶を入棺に先立って逆さ屛風の上からもちこむからである。水をさきに湯をあとから入れることも凶事の例として、一般にこれを避ける。野送りのときは左柄杓の水で手を洗うから、ふだんはそうしない。引例はこれくらいでやめておくが、これらの禁忌習俗が出てきた源は、葬送が凶事だからということにとどまるだろうか。吉凶にかかわらず神事、仏事にかかわる行為を日常におこなうことを忌む例は多い。たとえば藁を逆さにして屋根を葺くことは、神の仮宿には多い。これを忌むのは、柳田も指摘するように、常用に供してはならぬからであって、忌むから凶礼だと簡単にうけとるべきではなかろう。むろん葬礼は凶礼だけれども、吉凶をこえて、やはり「け」とのけじめをつけるべきではなかったか。正月ことばも本来は年のはじめに家のなかだけでも言うべきこと、または言ってはならぬ語が多かったという。伐ってはならぬとされている、大概は異様な形をした樹もあった。人のはいることを忌む山もあった。なかで葬儀を連想させる行為がとりわけ忌まれたのは、それが凶事と結びつくだけに、とりわけ「け」とのけじめをつけるべきだったからであろう。そこには、死の不安も介入してきたと思う。ともかく、葬送が日常的な生活からはっきり区別されたところでおこなわれねばならなかったことを、いくつかの禁忌習俗がいわば裏から証明している。

葬儀は「はれ」の意識で執行されるべきであった。と言うのも、一般に儀礼がそうだが、この儀礼においても不可視の霊の現前が想定されていたからである。この場合、この不可視の霊は第一にいましも屍体を遊離しようとする新魂《あらみたま》であった。その霊魂が身体に戻ること、それがだめなら無事に常世に旅立つことを縁者は願ったのである。納棺に先立って近親者が湯水で屍体を拭く湯灌《ゆかん》には浄化の意味もあると思うのだが、この場合に清められるのは、ただ死者の肉体のみにとどまらなかったろう。それは旅立ちのための、旅立っていく霊の浄化でもなかったであろうか。そして、経帷子《きょうかたびら》その他、死者に旅立ちのいでたちをさせる、そこに仏教的な諸観念、わけても十万億土の観念が入ってきていることはたしかだが、同時にこの死装束自体、通過儀礼の参加者が身にまとうべき晴着でもあったのではないか。葬送儀礼をとくに再生儀礼としてみれば、死者自身この儀礼の参加者でなければおかしい。とすれば、新魂を新しい生に導くべき不可視の霊の現存が、当の死者の霊と別に、ここで想定されねばなるまい。おそらく、死者の霊以外に、もっと偉大な霊、神仏の現前が考えられたと思う。たとえば祖霊であり、あるいは浄土信仰の説く聖衆来迎(15)である。プラトンの『パイドン』が描くソクラテスは、死者の霊が神霊(ダイモーン)に導かれてハデス(16)の国に旅立つことを語っている。もし、そうなら、葬送する側の人間にとっては、ここで二重の意味で神霊の現前ということがあり、それだけによけい葬送は日常的な行事から区別されねばならなかったはずである。

2

ところで、一般にはれがけの生活から区別され、はれの意識ないし心構えをもつために水や火による浄化というような手続きが要求される。現身が神霊の前に立つとき、けがれていてはならない。一種のきよらかさとでも表現すべきものが、はれの儀式にはともなっている。その点、葬送儀礼の場合には、けがれの観念がとくに大きな意味をもっていて、それだけに他の儀礼と必ずしも同列に扱うことができないようにみえる。

たとえば、火もそれがただ物質を焼きつくすのみでなく精神的なけがれをも焼きつくす作用をもつと考えられるところから、浄化のための手段としてよく利用されているのだが、葬送の場合には必ずしも浄化や魔よけということのみでなく、逆に火が忌まれるという現象も生じる。いわゆる忌火《いみび》である。枕飯ももとは日常のかまどでなく、別に設けられたかまどで炊かれたし、喪に服すべき近親者以外の食事には喪家のかまどを用いないという風習もあった。このようにかまどを別にする、火を別にするのは、ただ死者およびその近親と他の人々とを区別するということだけでは説明できまい。やはり、死のけがれへの惧れがあったとみるべきだろう。けがれの伝染を避けるために火の共用を忌み、かまどを別に設けさせる、さらには住むべき小屋を別に設けさせるという風習は、ひとり葬送の場合だけでなく、出産の場合などにもあった。この死のけがれの移るのを避けようとする意図は、喪屋《もや》生活にもあらわれている。死者の近親者が屍体とともに、またはその近くに一定の期間忌みごもりするという、この喪屋生活の起源はかなり古い。それはあるいは上代の大嘗祭のあの復活劇とも関連があったろう。また、その期間の霊魂はまだ完全に身体とはなれたわけでなく、一度遊離した霊魂がふたたび身体にもどるかもしれなかった。枕飯にしても、米の飯の魅力で死者の霊を身体によびもどそうとの意図もあったろう。殯《もがり》(17)は仮の喪であって、招魂の可能な期間でもあった。けれども、同時に死のけがれへの惧れもあったろうと思う。

　屍体にあらわれてくる自然的な変化、その腐爛への過程は、いかに古代人が霊魂のぬけでたあとの容器、なきがらとして屍体を扱ったにしても、現身の心に衝撃を与えなかったとは考えられない。記紀の黄泉戸喫《よもつへぐい》（飡泉之竈）の神話も、死のけがれと火の忌みの結びつきを示すものと解釈することもできる。屍臭をはなって腐爛していく屍体から死のけがれが発想されるのは、しごく自然なことであったと思われる。黄泉国から逃げ帰った伊邪那伎は、「吾《あ》はいなしこめしこめき穢《きたな》き国に到りてありけり。故《かれ》、吾《あ》は御身《みみ》の禊為《みそぎせ》む」と言って、禊ぎ祓いをおこなっている。ここで黄泉国を醜いきたない国ととるのは、真接には横穴式石室内部の情景からのことだろうが、結局は屍体のけがれに触れたことが、この行為を必要としたのである。

　なるほど日本の場合、死と原罪との結びつきは認めがたいし、祓いといえばすぐ連想される『延喜式』の「六月の晦の大祓」の天《あま》つ罪と国つ罪のなかにも死それ自体はあげられていない。しかし、だからと言って死が慎しみを要すべき事柄でなかったことにはならないのであって、たとえば応永十年（一四〇三年）の「御霊社服忌令」では、いくつかのけがれが列挙されたなかで、とりわけ死穢が重視されていて、「甲（死人の本所なり、三十日）、乙（甲の所へかよふ所なり、三十日）、丙（乙にかよふ所なり、三十日）、三てんニて候……」とある。このように死のけがれを重視する立場からすれば、たとえば喪屋生活にしろ、それは謹慎生活でもあった。共同体に死のけがれをまきちらすことは許されず、それゆえにこそ、よけい喪屋というような形での隔離が要求されたのだと思う。

　さて、たとえばその喪屋生活だが、喪にこもるということは、このように死のけがれを惧れての隔離という意図もあったろうが、同時に、日光を避ける、昼の世界からかくれるという意図もあったと、私は思っている。洋の東西を問わず喪服に黒衣が多いことも、なにか感覚的な意味があるようである。黒は悲しみの色でもあろうが、同時に夜の世界の色である、と言うより色のみえない世界の象徴でもなかったろうか。前に鬼について触れたとき、天地開闢に先立つ暗黒の世界のことを言った。光のいまださささない、ものみな定かならず鬼霊のうごめく世界である。それだけに、それはある意味ではけがれの世界でもあった。その常夜に最初の光がさすことによって天地が開け、鬼が追い払われ、春が訪れる。その前の段階が喪の生活ではなかったか。縁者は死者とともに、この原初の状態に戻り、そこからあらためて出発したのではなかったか。原初の光とともに闇が追いやられて鬼が姿を消すように、喪の明けたとき死者の霊もいずくかに去って新しい生に入り、喪にこもっていた縁者もまた新しい生を得る、そういう意図がそこになかったであろうか。もしあったとすれば、この儀礼の重点は、やはり浄化にあったとも解釈できる。外にあらわれた形こそちがえ、死者のためにも、またその縁者のためにも新しい生の訪れを待つための喪であったし、そこには、いわば春を待つ情があったのだ。その限り、葬送の儀礼に新年の儀礼とも、また成年式儀礼とも深く絡みあった要素があったであろう。

M・エリアーデは『永遠回帰の神話』のなかで、「罪、病気、悪魔の年ごとの追放行事は、基本的には神話的で、元始の時、純粋な時、天地創造の瞬間を復元しようとする試みである。いずれの正月行事も、時間のはじめからの再開始、すなわち宇宙開闢の反復なのである」と主張する。これは私たちの国の正月の行事にもあてはまることで、元日はただ年のはじめの日であるだけでなく、天地のはじめの元の日でもあって、だからこそ新年を迎えるために畳がえをしたり、障子を張りかえたり門松を飾ったりしたのであろう。元日ははれの日であり、けの生活、けの日常的な時の流れが断絶することによって、私たちの世界と生命が再生されるのであった。成年式もまた、日常的なけが断たれることによって、いわば死の体験をくぐりぬけたところで、成年としての新しい世界と生命が訪れるべき時であった。葬送が例外であったろうか。

死者の側からみれば、それは成年式と同様に一種の入社式であったろう。成年式が部族共同体への入社式だったとすれば、葬式は祖霊の世界への入社式であった。L・セギイは『アフリカの彫刻』のなかで、アフリカ彫刻に関連してとくに問題になる儀礼として思春期の儀礼と死者の儀礼をあげて、こう述べている。「思春期と男女の成年社会への入社式が、アフリカ人の生活のなかで最も重要な行事である。彼はただ大人になるだけでなく、部族の一人前の成員になるのだ。そして、死は、精霊の世界への壮大な入場を可能にする。その生涯を通じてアフリカ人は死者の霊を頼りとしたのだが、いまや自分自身がそのような精霊になるのである。」また、キリスト教の場合も葬儀が再生儀礼でもあるという点では必ずしも例外でなかったろう。たとえばパウロが一方で「ひとりの人によって、罪がこの世にはいり、また罪によって死がはいってきたように、こうして、すべての人が罪を犯したので、死が全人類にはいり込んだのである」（「ローマ人への手紙」）と述べて死と原罪とを結びつけながらも、他方で「死がひとりの人によってきたのだから、死人の復活もまた、ひとりの人によってこなければならない。アダムにあってすべての人が死んでいるのと同じように、キリストにあってすべての人が生かされるのである」（「コリント人への第一の手紙」）と語ってキリストによる復活を主張しているように、この場合も終末論と救済論を背景にしつつ死と再生が結びつき、その結びつきの上で、たとえば死者ミサのような儀礼がおこなわれたのであろう。この世での死が最後のものではなく、キリストの再臨とともにすべての死者が復活して最後の審判がおこなわれ、神を信じる者は永遠の生命を得るという信仰あればこそ、屍体が清められ、復活の悦びを示す白衣に包まれ、生命の象徴たる常緑樹の葉とともに棺におさめられたのであった。私は、それが史実かどうかは論外としても、モーツァルトについてのひとつの逸話に関心をかきたてられる。その逸話によれば、死に臨んでモーツァルトは自分のつくった『レクイエム』を聴かせてくれと頼んだ。そして、彼はこう語った。「私がこの曲を書いたのは私自身のためだということを、君たちに言わなかったろうか。」

他方、死者の縁者の側からみれば、葬送は死者の入社式であると同時に、死のけがれをうけた縁者自身が新たな資格で共同体に復帰するための、いわば復社式でもあったと思う。死のけがれをうけることは、ある意味では死者と同じ条件下におかれることであろうが、その縁者がふたたび共同体の生に復帰するためには、ここでいわばもう一度胎児の状態に戻ってあらためて生誕することが必要ではなかったか。闇の世界から光の世界へ、死から生への道は、縁者もまた辿るべき道であった。なるほど忌明けはけの生活への復帰を可能にするが、その忌が明けるということは、やはりはれの意識で迎える事柄であったろう。そういうことどもを含めて、葬送儀礼をはれの次元で考えるべきだと思うのだ。喪にこもっている期間に精進料理その他、禁欲の生活が要求されるのも、それがはれの儀礼なればこそであろう。どうせ死のけがれをうけているのだから、というような論理は通用すべくもなかったはずである。

3

今日なお、一般に儀礼の形式的な面はいくつか残存している。だが、かつてその儀礼がもっていたにちがいない内容ということになると、いつか忘れ去られて跡形もないという場合が多いようである。たとえば新年の祝詞にしても、いまでは年が明けるということがどういうことか、なぜめでたいのかを考えずに、一種の慣習としておこなわれているし、成年式で髪の形をあらためる、服装を変える、改名するというような風習にしても、それが死を通じての再生を象徴していること、成年式の参加者は一度死んであらためて再生するのだということは、すでに忘れられている。

葬送儀礼の場合、死が人生の一大事であるだけに、まだ私たちはその儀礼の意味を求める心を失いつくしてはいないけれども、それでも多くの場合、その意味にはさまざまな俗信や宗教上の観念、とりわけながく葬祭を独占してきた仏教などの観念が強く入りこんで、その意味さえも教義的に外から提供されたもの、観念的なものにとどまっている、そういう場合が多いのではないか。しかし、儀礼のもつ内容は、やはりその儀礼の参加者ひとりひとりを素通りするものではなく、参加者の主体を強くゆさぶるものだったにちがいない。葬送の場合も、葬儀の参加者が主体的にどう変質するかに儀礼の意図を生かすか殺すかがかかっていた、そういう面があったと思う。とりわけ儀礼の倫理的性格はそうである。さもなければ、儀礼は習慣的に反復されるだけの形骸化した公式の域を出まいし、その場合、習俗は日常の時のゆるやかな流れの底にあってそのゆるやかな流れすらもおしとどめようとする濁ったよどみにすぎない。けれども習俗にはおりにふれて新しい生命がもりこまれ、そのおかげで習俗のよどむことが避けられたのであり、そのような機会が他でもない儀礼のおこなわれるはれの時であり、ものの日であったのだ。つねの日のけの時の流れが断たれ、つねの世界のなかにものの聖なる空間があらわれ出ることで、かえってつねの時間と空間が生き生きとした連続性を獲得するという操作が儀礼にはあったはずだし、その操作は儀礼の参加者の主体の非日常的なはれの意識を通過することによってはじめて可能だったにちがいない。習俗の世界にあって習俗をこえながら習俗を支えていく倫理的なものとして、私はこのはれの時空での主体的体験をあげるべきだと思う。儀礼としての葬送には、招魂や鎮魂や再生や浄化や、さまざまの要素が絡んでいる。その個々の要素がどのような形で実際の行事にあらわれているかもまた、ひとつの問題ではあろう。しかし、葬送における倫理的なものをはっきりさせるといういまの主題からすれば、もし儀礼としての葬送に倫理的なものがあるとすれば、それはまず、まさにこの主体的体験をおいてはない。すくなくともこの体験が、儀礼としての葬送に倫理的性格を附与する根本的な要因だと思う。

　ところで、私は本書を常世のことから書きはじめた。常世は現世の時間と空間をもっておしはかることができない。それは現世の時間や空間と次元のちがう不変の恒常の世界であった。とすれば、いまここで仏教的な諸行無常の観念を引きあいに出すまでもなく、現世こそ常ならぬ変化の世界である。

　つねの世は、実は常ならぬ世界なのだ。日常は、実は無常なのである。かつてヘラクレイトスが現世の理法《ロゴス》を、「同じ河に二度と入ることはできない。……散ってはまた集まり、来てはまた去る」その変化の相にこそ求めたように、この人の世のたまゆらの悦びと悲しみ、つかのまの愛と憎しみにいろどられたいとなみのなかで、人はうつり花はあせて、流れはとどまるところを知らない。そうでなければ、どうして、たとえばプラトンのあのイデアの世界への憧憬が出てきたであろうか。プラトンのイデア論が内部に含んでいたイデア界と現象界との深刻な対比は、その外にあらわれた形こそちがえ、また、それを対比させた精神的風土の相違やその人なりの思索の質の差をこえて、たとえば源信の『往生要集』の極楽浄土と濁世末代との深刻な対比に通じるものをもっていたと思う。『パイドン』でおのが死を目前にしたソクラテスの語る来世への明るい期待には、これを引かれ者の小唄として片附けることを許さない痛切な訴えがあったろう。現世のいかにも現世的な条件のなかで生きる人間が来世にかける期待は、ソクラテスがこの対話篇で語ることばを借りれば、それこそ「呪文のようになんべんでも自分にむかって言い聞かせなければならない」期待であり、だからこそソクラテス自身のためにも長話が必要だったのである。と言うのも、現世で「私たちが一生涯と呼んでいる期間」が実は本当のあるべき生でない。真の生は不死なる魂のおもむくべき世界にあるという想念が、いま女たちに自分の屍体を洗い清めてもらう時刻の近づいているソクラテスの内面で、強くはたらいていたからである。すくなくともプラトンの描いてみせるソクラテスには、現象の世界である現世から離脱の志向があった。

だが、このつねの世のつねの日にあって、私たちは多くの場合、まさにこのつねの世、つねの日が実は常ではないということを忘れているのではないか。あたかも、それが恒常の時空であるかのごとく、私たちの多くはふるまっているのではないか。日常ということばには、日常的な生きかたが、また、そういう生きかたをしている日常的な人間の性《さが》がよくあらわれていると思う。

そのような生きかたに衝撃を与えるものが、ものだったのだ。そのものは、いわゆるつねの時空とは異質の時空から、あるいは神として、あるいは鬼として、あるいはまれびととして、あるいは霊として現世を訪れては去ったのである。しかし、日常的な生きかたへの衝撃という点では、死もまた衝撃的であったにちがいない。このつねの時空に死という事件がおこることで、つねのリズムははげしく乱れたであろう。この乱れは大切にすべきものだと、私は思う。

　死という事件をきっかけとして、葬送儀礼を中心とするはれの世界が開けるのである。葬儀の参加者がこの世界に身をおく限り、彼は日常的であってはならない。そこでは日常的な時は停止し、日常的な場には裂け目ができるのである。かつて成年式儀礼の参加者が日常的なつねの人としては死んで新しい生を得たように、葬送儀礼の参加者もまた、死者とともにここで日常人としては死なねばならないのだ。さもなければ、他者の死は到底実存的な体験となりえず、ひとつの自然現象におわり、葬儀もまたひとつの社会現象として参加者の主体を素通りしていくにすぎないからである。

VII 葬送

1

プラトンの『パイドン』で、ソクラテスは毒を飲む前にゆあみをしておいて、女たちに屍体を洗ってもらう手数をかけないようにしたい、ということを語っている。そして、実際に別室でゆあみをすませたところに彼の身内の女子供が訪れる。ソクラテスは彼女らにあれこれと後事を託し、ひとりもとの部屋に戻って友人たちとともに処刑の役人を待つのである。アテナイでも私たちの国と同様、死者が出るとその身体を清めるということがおこなわれていたことが、この例からも推測できる。しかし、古代ギリシアの葬送慣習には、他の点でも案外私たちの国のそれとも共通の要素があったように思う。いま例として、古代アテナイでの葬送の慣習について述べておきたい。

死者が出ると、その眼を閉じさせる。そして、一オボロス貨幣を口にくわえさせる。これは冥府の渡し守のカローンに支払うべき通行料である。そのあと、遺族の女たちが屍体を洗う。湯灌である。ついで、紐や蔦の花環で屍体を飾って、衣裳をきせる。ただし、あきらかに死者用とわかる衣服ではない。生存中に着てもおかしくない白い衣服である。そして、屍体を寝椅子に横たえる。頭の下には蔦が敷いてあり、顔はドアの方をむいている。親族や知人が哀悼に集まる。ただし、ソロンの法律は、過度に悲しみを表現することを禁じた。ときには女たちを雇って笛にあわせて葬送歌を歌わせる。寝椅子のそばには、陶器の壺に献酒を入れたのが、おいてある。ドアの外側には、水の入った器があるが、これは弔問客の帰るときに浄化の役に供せられる。屍体は日の出前に火葬か土葬の地にはこばれる。太陽神その他天上の神々が、屍体をみてけがれをうけてはいけないからである。親類や知人がこれにつきしたがう。彼らが棺をかつぐこともあるが、屍体の運搬は多くは、奴隷の身分から解放された自由民か金銭で雇われた連中の仕事である。ただし、アテナイ国家に大きな功績のあった故人の場合には、市民がこれをはこんだ。行列の先頭には哀悼の歌を歌う男たちか笛を吹く女たちがいて、ついで、黒か灰色の服をきて、髪を短かく刈った男たち、それから棺、そのあとから五等親までの女たちがつづく。それ以外の女は加わってはならないが、六十歳以上なら例外だという。

英雄時代には火葬がおこなわれていて、のちに火葬と土葬がならんでおこなわれるにいたった。

貧しい人たちは費用の点で土葬を好んだようである。土葬の場合、屍体を入れるために普通は棺が用いられていた。棺は木、陶土、または石でつくられたが、のちには、それだけの財力のある人々のあいだでは、みごとに彫刻した石棺が流行した。火葬の場合、積薪はかなり手のこんだ構造で、その上に屍体をのせると、近親の者が火をつけ、哀悼者たちは一房の髪と故人の遺愛の品ないし供献の品を火中に投じた。火葬と土葬とを問わず、供献の品は相当の量であったらしい。火葬の場合、灰を壺におさめた。壺の形状、材質、容積は時と所でことなる。墓地には、みごとな彫刻の墓石も立てられている。火葬ないし土葬ののち、斎食がおこなわれ、また、故人の家、その家の人々の浄化がおこなわれた。葬儀後三日目、九日目、三十日目に、蜂蜜や葡萄酒や香油に乳か水をまぜた献酒が、他の供物とともに墓地に供えられた。

なるほど個々の道具立てについては、かなりの相違はある。けれども、この古代アテナイでの葬送慣習が私たちの国の葬送慣習を支えてきた心情とまるで異質なところから出てきたとは、簡単に言いきれまい。風土的、社会的な条件の差をこえて、たとえば浄化に、あるいは追悼の情の表現に、共通の点も多いのである。

古代アテナイの場合、死者をあつくとむらうべきだという態度は、とくに戦死者の場合によくあらわれている。たとえばプラトンの『弁明』のなかで、ソクラテスがこう述べる。「アテナイ人諸君、私はこの国でいまだかつて、なにか他の役職についたことはありません。ただ政務審議会の議員になっただけです。そして、海戦での戦死者を葬らなかった十人の司令官をまとめて裁判しようという計画を諸君が抱いたとき、この裁判はのちに諸君みんなにもそう思えたように全く違法だったのですが、あのとき、ちょうど私たちの部族、アンティオキス部族から議長が出ていました。あのとき、諸君が法律に反することをしないように諸君に異を唱え、諸君と反対の票を入れたのは、すべての委員《プリュタネイス》のなかで、ただ私ひとりでした。」

ここで「法律に反すること」とソクラテスが語っているのは、司令官たちを一括して一度の票決で死刑を宣告しようとすることであって、海戦での戦死者を葬らなかった罪を問うことではなかった。アルギヌーサイ海戦の際、暴風雨のために戦死者の屍体をおさめることができず、従って死者を葬ることができなかったのは、いわば不可抗力だろうが、それでも、戦死者を葬らなかったという点で司令官は法の裁きをうけるべきであり、葬送が不可能になった事情は法廷で弁明されるべきであった。アテナイの法律は、戦死者の葬送を怠った司令官に極刑を課することを、規定していたのである。

その理由として近代的な意味での国家意識を強調することはいけないと思う。むろんアテナイの戦死者たちはアテナイという国家のために死んだのにはちがいない。ソクラテスもまたアテナイ人なるがゆえにアテナイのために戦いもし、アテナイの法律に従って刑死もするのである。しかし、アテナイというポリス（都市国家）は近代的な国家ではなかった。ポリスとポリスとのあいだに政治的あるいは軍事的なはげしい争いがあったにしても、ポリスのために生命を捧げた戦死者だからということが、この司令官に対する極刑の本質的な理由だったろうか。もしそうなら、近代的な国家でこそ、このような極刑はもっと成文化されてもよかったはずである。この極刑は古代ギリシアというひとつの世界、しかもオリュムポスの神々との特殊な関係をつねにたもっていた世界のなかで死がもつ意味を度外視しては、理解できないのではないであろうか。それは、一方で強大な国家権力によって国民を容赦なく戦場に投入しつつ、他方で戦死者を護国の神として祀る、そのことで戦争自体に擬似宗教的正当性を附与するというような発想とはおよそ次元のちがったところで、考えるべき問題であると思う。一般に死者を葬送するということが古代ギリシアの世界で現世の人間にとって最も神聖な義務のひとつであったことに、注意しておきたい。屍体が放置されている限り、死者の霊魂は安らぎをえることができなかった。屍体の放置は死者への侮辱でもあつたし、神々への侮辱でもあった。天界の神々に対しては、神々の眼をけがすことであり、冥府の神々に対しては、当然神々に帰すべきものを奪うことであった。放置された屍体をみつけた者は、すくなくとも手に一杯分の土砂をすくって屍体にかけねばならなかった。ホラティウスの『抒情詩集』は手に三杯分の土ということを述べている。ソポクレスの『アンティゴネー』でアンティゴネーは兄ポリュネイケスの埋葬を叛逆者という理由で禁じた叔父の命にそむいて、ポリュネイケスの上に土を手ですくってかぶせる。彼女は兄を葬送したかどで自分を捕えた叔父にむかって、自分は神の道に従うものだと主張している。この神聖な義務が法という形で戦争中にも要求されたということ、これは軽々しくみすごすべきでないと思う。

たしかに戦争はきれいごとではありえない。古代ギリシアでも、戦争はきれいごとではありえなかったはずである。殺戮と破壊の悲惨は、程度の差こそあれ、アテナイをも襲ったにちがいない。憎悪と復讐が牙をむき、嚙みあい、多くの血が流されたであろう。けれども、手で土砂をすくって屍体にかけるという情も、ここにはあったのである。その方が、戦死者を神社に祀って大仰な慰霊の形式を整えることよりも、よほどまともであると思う。あるいは戦争の悲惨ののちに昨日の敵は今日の友といううきれいごとを唱える神経よりも、よほど真実であると思う。殺しあう人間の世界では、昨日の敵は今日も敵ではないのか。アンティゴネーを捕えた叔父クレオンも、敵は死んでも味方になるわけでないと言う。だからこそ、アンティゴネーの悲劇が生きてくるのだ。権力の定めた掟にさからって、自分の手をよごして屍体に土砂をかけるアンティゴネーの愛の行為が、大きな意味をもってくるのである。自分は白手袋をはめたままで権力の座からおりようともしない人間が戦死者を神格化したり安手な人道主義を語るとしたら、それはテーバイ王クレオンよりはるかに不遜であり、冒瀆であると思う。

オイディプス王の歿後、その二子のエテオクレスとポリュネイケスがテーバイの王位をめぐって争った末、ともに死んだ。エテオクレスはテーバイを護って死に、ポリュネイケスはテーバイを攻めて死んだのである。王位を継いだクレオンはエテオクレスを葬り、ポリュネイケスに対しては、その死骸を葬ることを禁じ、禁令にそむく者は死罪にすると布告した。オイディプスの娘アンティゴネーが敢然とこの禁令にそむいて、死刑に処せられる。その婚約者でクレオンの子であるハイモンもアンティゴネーの後を追って自殺する。その報せを聞いた王妃も自殺する。これがソポクレスの『アンティゴネー』の大筋であるが、ここでアンティゴネーをポリュネイケスの葬送に踏みきらせたのは、屍体を放置するのは神への侮辱だという古代ギリシア的な心情だろう。なるほど、ポリュネイケスが彼女の兄だという事情もある。夫ならば、かりに死んでも代りがみつけられる、子供ならば、かりに死んでも代りの子が生める、しかし両親の死んでしまったいま、もう兄弟はひとりも生まれようがない、ポリュネイケスが兄だからこそよけい葬りたいのだというアンティゴネーの台詞もある。けれどもこの台詞は、のちに書き加えられたもので、ソポクレスのもとの草稿にはなかったらしい。これが書き加えられることで、神の掟に従おうとする彼女の行動の訴える力が急に弱まってしまっているが、この台詞の部分は後世の加筆とみる意見が有力である。この戯曲の主題はやはりクレオンが代表する国家の掟の立場と、アンティゴネーが代表する神の掟の立場との対立にあったろう。クレオンは、秩序を守らぬよりひどい悪はない、そのために多くの国家が亡びもし、多くの家々が荒廃すると考える。アンティゴネーは女の身でありながら、その秩序に挑戦する。人間の定めた秩序よりも神の掟に従わんがためである。葬送は政治の問題ではなく、宗教の問題であった。宗教への政治権力の介入が、この悲劇を生んだとも解釈できるであろう。こと死者を葬送するという件に関しては、それが政治と結びついたものであってはならず、葬送は政治を超えた次元でおこなわれるべきだったのだ。クレオンは運命から耐えようのない手痛い打撃をうける。そのクレオン以上のまちがいを、近代の、いや現代の国家権力は犯さなかったであろうか。

さて、このように葬送を現世の人間に課せられた神聖な義務とみる考えかたは、ひとり古代ギリシアのみでなく、かなり普遍的なものだったように思う。私たちの国でも、古く葬送はひとつの重要な神事であったにちがいない。また、古代ギリシア人が屍体の放置を神々への侮辱とみた心情は、古代日本人が死のけがれに対して異常なまでに注意を払った心情とも共通のものをもっていたように思う。それと、もうひとつ、ついでに指摘しておきたいのだが、すでに触れたように、私たちの国では死者が出ると、魂よばいという風習があった。大声で死者の名を呼んで、去ろうとする霊を身体にひきもどそうとしたのである。枕飯にもまた、米の力による招魂の意図が認められる。このような招魂儀礼の成立しうる根拠のひとつは、死がはたして決定的なものかどうか、死んだようにみえるけれども実は眠っているにすぎないのではないか、いずれともきめかねる気持だったろう。今日でさえも死の認定は必ずしも簡単でないのに、まして古代である。死か眠りかは容易に認定できまいし、逆に、死と眠りとは極めて相類似したものとしてうけとられるという一面があったかと思う。そして、それは古代ギリシア人にとっても同様だったろう。タナトスはヒュプノスと兄弟である。ヘシオドスでは、タナトスは夜の子とされている。ヒュプノスとともに不滅の神々から憎まれて、はるか西の暗闇に住んでいるが、そこには陽の光は届かない。兄弟は陽をみることもなく、静かに人間を訪れる。プラトンの『弁明』の末尾に近い部分で、ソクラテスも死と眠りとを比較して、もし死が夢もみないくらいに熟睡した場合の眠りと同じようなものなら、死はもうけものだということを語っている。むろん、ソクラテスが死と眠りとを同一視していたというのではない。そういう観念が当時のギリシアにもあったことを、この弁明が伝えているのである。それに、もし死が眠りのようなものだとしたら、葬送儀礼で招魂とほとんど表裏をなしているともみられる鎮魂の心理とも、そのことは無縁でない。一方で招魂が死者を眠りからおよび醒まそうとする企てなら、他方で鎮魂は死者の眠りをさまたげまいとする企てとも解釈できる。そこには死霊の活動をおそれる気持も絡んでいたであろう。死者が永遠の眠りについた、その眠りが安らかであることを祈る気持もあったであろう。そういう気持をもひっくるめて、葬送という儀礼をおこなう者の心理は決して単純ではありえなかったと思う。そこには、おそらくさまざまの要素が入りこんでいたのである。その上で、なお葬儀はつねの時空の断たれるところに成立する神聖な儀式であった。クレオンとアンティゴネーの対立は、ある意味ではつねとものとの対立、けとはれとの対立をも含んでいるといってもいい。ポリュネイケスの死にあたってのアンティゴネーの選択が、アンティゴネー自身の死を賭けたものであっただけに、よけいつねの時空での掟は斥けられ、彼女の行為がはれやかな崇高性を帯びるのである。現存する断片から推測されるエウリピデスのアンティゴネーの扱いかたでは、この気位の高い王女の行為のはれやかさは、よほど弱まるだろうし、また、ジャン・アヌイの『アンティゴーヌ』のようにクレオンの心理に重点をおいた場合にも、アンティゴネーのこの選択のけわしさは、ソポクレスの場合ほど強く訴えかけないように思う。

2

葬送は現世の人間に課せられた神聖な義務であった。むろん、その儀式には、俗信をも含めてさまざまな宗教的観念が入ってきたであろう。死者を葬送する者がそのような諸観念から無縁であったとは思われない。死について、死者の霊魂について、あるいは死後の世界についての考えかたにしても、俗信や既成の宗教から多くの影響をうけてきたのであろう。その上で、なおひとつの問を私たちは提出することができる。葬送に神学が要るであろうか。教義なしには葬送はありえないか。

イエスが十字架にかけられたのち、信徒のひとりがピラトに願い出て、イエスの屍骸をひきとることができた。ユダヤの町アリマタヤの出身でヨセフという名の議員である。十字架からおろされたイエスの屍体は新しい亜麻布に包まれ、だれもまだ葬られたことのない、岩を掘ってつくった墓におさめられた。女たちによって香料と香油が用意された。ここでの屍体の処置は福音記者ヨハネが言うように、「ユダヤ人の埋葬の習慣にしたがって」いる。しかし、イエスの葬送において本質的なものがそのような習慣になかったことは、言うまでもないであろう。むろん、イエスを葬った者は、神聖な義務としてイエスの屍体を亜麻布で包んだのである。しかし、葬送という神聖な義務が、具体的な葬送のしかたによって一体どれほど左右されるというのだろう。十字架からおろされたイエスに関して私たちの心を最も強く揺り動かすのは、屍骸の扱いかたではない。イエスの屍骸を前にした現身の情である。とりわけピエタである。

ローマのパラッツオ・ロンダニーニのミケランジェロ晩年の作になる大理石像「ロンダニーニのピエタ」では、イエスの屍体は、両脚がいまにもがっくり折れてくずれ倒れんばかりだが、その膝は痩せきった胴長のイエス自身の屍骸の重量のみでなく、まるでマリアの悲しみの重みをもうけとめているようにみえる。実際、マリアは息子を抱きかかえているよりは、息子におおいかかり、息子とともに倒れかかっている。その虚脱した全身は一切の神学的虚飾をはじきかえす。息子を死なせた母親の、これが本当の葬送の姿ではないのか。同感受難《コンパッシオ》ということが神学的に解釈されるに先立って、まず母親の息子への同感受難があったはずなのである。ここでは、マリア

ミケランジェロ作「ロンダニーニのピエタ」

は息子とただ二人きりである。あえて言うが、息子の崇拝者や利用者から息子、おそらく彼女の罪を自分自身の罪として苦しんでくれた息子をとりかえした母親の、息子と二人きりの同感受難の姿がここにあると思う。信徒を意識したマリアには、同じ作者の若いころの鑿になるサント・ピエトロ寺院のピエタの、あの典雅な姿を捨てることはできまい。もとより、ここで私は二つのピエタの真贋を問うているのではない。聖母としてでなく一個の母親としてマリアが息子を葬送できたとすれば、彼女は「ロンダニーニのピエタ」のあの姿をとったろう、あそこにこそ葬送の本質的なものがあるだろうということを、私は指摘したいのである。十字架にかかったのはイエスだが、この母親もまた息子とともに十字架を体験したのではないか。

死んだイエスを抱いたり大地に横たえた苦痛のマリアを表現するピエタが彫刻や絵画の題材としてしきりにとりあげられるようになったのは、ほぼ十四世紀以降であるという。それには、中世の宗教劇や文学の影響もあったであろう。むろん、キリスト教的信仰がその底にあったことは、言をまたない。母子の周囲を天使や使徒などの群衆のとりまく大がかりな構成もあった。けれども、ピエタをしてまさにピエタたらしめたものは、ひとつの宗教の枠をこえるものではなかったか。到底宗教の枠組のなかにおさめることのできない、血と涙でいろどられた、ある意味では極めて残酷な激情が、そこにはあったのではないか。死の直前までミケランジェロは「ロンダニーニのピエタ」にむかって鑿をふるっていたという。「ドゥオーモのピエタ」は四人である。「パレストリーナ」のピエタは三人である。アリマタヤのヨセフが消えている。「ロンダニーニのピエタ」は二人である。マグダリアのマリアも消えた。残るのはイエスと母マリアだけである。ピエタに必要なぎりぎりの人物としてこの二人が残った。そして、ミケランジェロと。彼の鑿の制作のみでなく破壊の跡がこの大理石像に異様な美しさを与えているのは、ミケランジェロ自身がこの激情を必死にうけとめようとしたからではないのか。彼自身の表情も苦痛にゆがんでいなかったろうか。ミケランジェロは、このピエタを彫りながら、彼自身イエスを葬送していたのだと私は思う。この造型的レクイエムの凄味にこめられた人間の真実を前にして、華麗なよそおいにかたくなな独断を包んだ教義が何であろうか。

ウィルフレッド・ギブスンに「ミロのヴィーナス」という詩がある。

冷やかに暗く　年を経た大地の胸に包まれ
おさなごのニタは　ひとりで横たわっていた
このいたいけな娘の　名もない墓の目印に
石を買ってやることさえ　ジプシーの母親にはできなかったのだ
しかし　ある日　彼女は古道具屋で
小さな像をみつけて　所持金《ありがね》をはたいて買った

そして　わが娘《こ》の屍骸を埋めた土地に戻ると
できたての小さな墓の上に　その像をおいた
ミロのヴィーナスの像を　そして　いまも
砕ける波の美しさから生れた愛の高貴な女王は
大理石の不死の姿で　しずかに
ジプシーの幼児の墓を　見守っている

これも葬送である。壮麗な墓石と較べて、このジプシー女が死んだ娘のために古道具屋で買った安物のヴィーナス像が劣るのは、つねの世界でのことにすぎない。だが、葬送につねの尺度をあてることはまちがいなのである。

ところで、このギブスンの詩は私たちに童子地蔵、童女地蔵を連想させる。決して名のある工匠の彫ったものではない、技巧の妙もない、しかし、幼い子供を失った親たちへの共感がその稚拙な石像にこもっている、そういう地蔵尊のことを私は言っているのである。もちろん、親たちがこの像の制作を石工に頼んだ心には、またこれを彫った石工の心にも、仏教が広めた地獄説話は影を落としてはいただろう。わが子が地獄でうける責め苦を思うとき、身を切られる痛みも感じたではあろう。しかし、この石像には仏教説話の虚構を超えた真実が宿っているのではないか。

わが子の死の供養のしるしにこの石像を据えた親の心には、仏教というひとつの枠を超えるものがあったにちがいないのである。その人間の真実をおいて、一体、ほんとうの葬送ということがありえたであろうか。

もうひとつ、例を出そう。かつて名古屋の精進川にかけられていたという裁断橋のことである。その橋の青銅擬宝珠に刻まれた銘文は、次のとおりであった。

てんしやう十八ねん二月十八日に、をたはらへの御ぢんほりをきん助と申、十八になりたる子をたゝせてより、又ふためともみざるかなしさのあまりに、いまこのはしをかける成、はゝの身にはらくるいともなり、そくしんじやうぶつし給へ、いつかんせいしゆんと、後のよの又のちまで、此かきつけを見る人は、念仏申給へや、卅三年のくやう也。

豊臣秀吉に従って小田原城攻略に参加し十八歳で戦死した堀尾金助という者の三十三回忌の供養のために、年老いた母親がこの橋をかけた由来である。保田与重郎は『日本の橋』のなかで、この銘文について、「その和文の方は本邦金石文中でも名文の第一と語りたいほどに日頃愛誦に耐へないものである」と言い、「この銘文はその象徴的な意味に於ても深く架橋者の美しい心情とその本質としてもつ悲しい精神を陰影し表情してゐるのである。此岸より彼岸へ越えてゆくゆききに、ただ情思のゆゑにと歌はれたその人々の交通を思ひ、それのもつ永却の悲哀のゆゑに、「かなしみのあまりに」と語るこの女性の声は、たゞに日本に秀れた橋の文学の唯一つのものといふのみでなく、この女性の声こそこの世にありがたい純粋の声が、一つと巧まなくして至上叡知をあらわしたものであろう」と語っている。私は保田が『日本の橋』の最後にこの橋に触れ、この銘文からうける感慨を語ることでこの一文を結んだ心情だけは、すなおにうけいれたい。まこと現世から常世にむかって橋がかけられるとすれば、この銘文の示す心根のみが橋をかけうるのではないか。この心根を前にして、くだくだしく語ることばを私はもたない。息子の三十三回忌の供養にこの橋がかけられたことや、銘文中の「即身成仏」とか、「念仏」とかは、むろん仏教的な観念に基づいてはいる。しかし、この銘文に顕現している心根は、仏教的教説の枠におしこめうるものではない。この橋の現実の姿を、私は知らない。それがどのような橋であったか、それを知るよしもない。けれども、現世に残ったこの年老いた母親が常世に去った息子のためにこの橋をかけずにいられなかった、そしてこの橋に托せずにいられなかったものが、決して世間的な意味での執念ではなかった、もっと純粋な、もっと人間の真実に喰いこんだものであったことは、たしかだと思うのである。

さて、私は本書で葬送の倫理という問題を考えてみた。死者を葬送するという、ある意味ではひどく人間臭い行為に、どのような倫理的な意味があるか、それをいささかでも追求してみたいというのが、本書の筆をとった意図であった。慣習として残る個々の具体的な儀礼よりも、全体としての葬送ということに、私の関心がむけられたことを、ことわっておくべきであろう。と言うのも、今日では個々の儀礼はかなり形骸化してきている。いわば虚礼としての要素が大きな位置を占めているように思われてならない。それでいいのか、というような開きなおった言いかたを、私はいま、しようとは思っていない。けれども、ここで生者が死者を葬送する、現身の情が常世べにむくということの意味をあらためて考えなおす、そのことの方が必要だと思われたのである。そういう発想から語ってきたいま、この精進川にかけられたという橋の銘文が私に強く訴えかけてくる。しかし、この名も伝わらぬ母親だけではない、現世と常世をつなぐべき橋をかけるという行為を、人間はくりかえしてきたのではないか。それがむなしい行為だったと、一体、誰が言い切れるであろうか。

「五木《いつき》の子守唄」に含まれた形で伝わっている、おそらく西日本のかなり広範囲にわたって歌われていたらしい歌がある。

おどんが打死《うっち》んだちゅうて　誰《だい》が泣《に》ゃあてくりゅうきゃ
裏の松山　蟬が鳴く

おどんが打死《うっちん》ねば　道端《みちばちゃ》埋《い》けろ
　通る人ごち　花あげる
花は何の花　つんつん椿
　水は天から　貰い水

　貧しい娘がつらい奉公のなかで子守をしながら歌ったその子守唄に、この歌が含まれていたのである。娘は背中の子供を寝かせるための唱えごととして、これを歌ったただけではないだろう。と言うのも、子守唄には子守娘のつらさ、うらめしさ、そして雇い主への反抗の気持、背中の子供への憎しみの表現されたものがいくつかある。たとえば同じ九州の「博多子守唄」の次の一節である。

　御寮よく聞け　旦那も聞けよ
　守を悪すりゃ　子にあたる

　あるいは、大田才次郎の『日本児童遊戯集』に収められた「諸国児守歌」中の摂津国大阪の子守唄の次の一節である。

こちの子供はかしこでござる
　起きて泣く子は面悪《つらにく》い
面《つら》の悪《にく》いやつ　ジャンジャン馬《ま》に乗せて
　鎗や刀で突きころす

泣いてむずかる背中の子供は、自分につらくあたる雇い主と同質の存在であったろう。その子供への残酷さが、はっきりした形で外にあらわれないままに、娘の胸のなかによどんでいたということも、考えられる。そして、その残酷の情が自虐という形をとることもあったであろう。いま死んだとてだれひとり泣いてくれる者もない自分の境遇を、背中で身体をゆすったり泣き叫んだり彼女の髪の毛をつかんだりしている子供の境遇とひきくらべるということを、この娘はしなかったであろうか。非人《くわんじん》としての自分と、良《よ》か人《し》としての奉公先の家族との、この世ではどうしようもない格差に、この娘は痛みを感じなかったであろうか。自分が死んだところで、とても金持のような立派な葬式はしてもらえないのである。せめて道端に埋められて、通行人の手折った椿の花の下で天からの貰い水で成仏することを、この娘は思い描かなかったであろうか。

けれども、このなんともやりきれない歌、死んだところでだれひとり泣いてくれる者のあるまいと思う五木の子守娘が背中の子供のためよりは彼女自身のために歌ったであろう歌にも、ひとつの救いはある。椿の花を道端の仏に手向ける通行人の心である。それがどこの人か、どこに行く人か、娘は知ることはない。旅の行きずりに、椿を手折って供えるだけである。その旅人は、熱田の裁断橋を渡ったときには、堀尾金助の母ののこした願いを読んで、念仏を唱えたであろう。彼は道の辻や峠では塞の神の石像に手を合わせたかもしれない。路傍の地蔵尊にむかってぬかずいたかもしれない。そして、いま五木の里で娘のために椿の花をあげるのである。この娘の期待が実現されなかったら、彼女はあまりに惨めではないか。蟬の声だけがうつろに響く。

ところで、人生もまたひとつの旅であろう。もとより、その道は単調なものではありえまい。そして、その旅路の要所には通過儀礼があった。その要所ではつねの道が断たれ、その断層にはいれの時空が開ける。この非連続の契機をくぐりぬけることで、いわば生の凝固が避けられたのであった。そして、人生という旅路のはてに、常世への旅が待っていたのである。この最後の旅のためにあらかじめ衣服を用意しておくという習俗は東洋にもあったし西欧にもあった。葬送する者は、死者にその衣服をまとわせ、常世への旅に送り出したのである。西欧では、死者に靴をはかせた例もある。そして、同じく西欧で、死に際してただちに家中の時計をとめるという慣習のみられたことは、興味深い。日常的な時の流れは、そこで断たれたのである。いま、全く異質の時間の世界が開かれたのである。葬送ということは、本来、そのような時空でおこなわれるべきであった。もとより、すでに述べたように、死者のおもむくべき常世、そこでの死者の復活は、葬送する者の主体をはなれてあるのではない。それは客観的に存在する世界でもなければ、客観的に生起する事件でもない。この最も主体的な出来事がつねの時空に投影されうるであろうか。もしそれが主体の外に投影されうるとすれば、はれの時、ものの世界においてでなければならない。裁断橋にしても、なるほど精進川という現実の水の流れの上にかけられた現実の橋ではあった。しかし、つねの時空のなかでは一個の物体にすぎないこの橋だが、この橋をかけた母親や心から念仏を唱えつつこの橋を渡った者にとっては、それと全く異質なものにちがいなかったと思うのだ。そのような意識が、本来、葬送という行為を支えるべきであったろう。それが忘れ去られ、葬送さえもひとつの日常的な出来事になっていくとしたら、これは、そらおそろしいことではないか。

3

近代の日本にひろく認められる慣習として、一子（とくに長男）残留による家督相続があった。この慣習から、直系親族の集団としての家を中心とする生活に重きがおかれたことは、言うまでもない。しかも、その家の成員は単一の世帯として生活するという単一世帯制が多くとられたのだが、その家中心の発想が家という単位を超えた社会集団にも適用される、そういう例は今日でさえ、いくつかあげることができるであろう。

ところで、家を中心とする生活は、その家を構成するメンバーだけでは維持できなかった。家を中心とする生活を維持するためには、同じ血のつながりの意識される祖霊の助力が必要であったのだ。もっとも、死者の霊がただちに祖霊たりえたわけではない。はじめは極めて不安定な状態にある死者の霊が死のけがれを捨てていく、そして浄化されるにつれて非個性化していくという期間が必要であったし、その期間、この死霊の祖霊化のために、現世に残った遺族が祭祀をおこなうことが要求されたのである。民間での仏教の勢力拡大はこの死霊の浄化、祖霊化の段階として、たとえば四十九日、一年、三年、七年、十三年、十七年、三十三年という死後の法事を普及させた。そういう段階を経て、死霊が代々の祖霊に合体するとき、それはその家の守護霊としての力をもちえたのである。

だから、家督相続人としての家長には、家の繁栄をはかるためにも祖霊に対する祭祀供養をおこなうことが、いわば義務づけられていた。それをおこたることで、病気や貧乏や不慮の災害を招いてはならなかった。と同時に、この家長の義務としての祖霊供養が家としての団結をかためる機会でもあった。同じことは、法事についても、それに先立つ葬儀についても指摘できるであろう。葬式は、部落の人たちの協力体制のもとにおこなわれることで、村落共同体の一体感をかきたてる機会でもあったが、同時に家の団結をかためる機会でもあったろう。

幕末以降、自然的な村の崩壊過程の進行したなかでも、家意識は強く残ったと思う。その家を支える昔ながらの約束事の強制力は、容易には消えなかったであろう。今日なお、それはかなりの力をもっているのではないか。血のつながりということがいわばオールマイティーの威力を発揮しうるところでは、この強制力にはさからうことを許さないかたくなな姿勢があるように思うのだ。今日ではそのような姿勢が露呈することはあまりないかもしれない。けれども、家を構成する一員の死亡したとき、そのことがきっかけとなって、このような姿勢がくっきりと浮かびあがるのは、必ずしも珍しいことではなさそうである。そのとき、家の内面の傷をおおっていたかさぶたが破れ、傷口が開きながら、しかも家というひとつのまとまった単位として世間に対するためには、いま傷口をみせるわけにいかない、そういう矛盾をはらみながら葬儀があわただしく進行していく。この疲労は大変なものだ。そこでおこなわれているのは、家としての葬送である。それはそれなりに無意味ではないであろう。しかし、と私は思う。いまの時点で考えなければならないのは、個人としての葬送ではないのかと。現世に残ったひとりの人間として死者を葬送することの主体的な意味を考えることが、いま、必要なのではないかと。

と言うのも、対話の必要ということがしきりに叫ばれている。けれども、現代の社会のなかで、一体、どの程度、対話の可能性が残されているのであろうか。情報産業が異常に発達し、マス・

コミの網が張りめぐらされ、知識が渦巻き、情報が乱れとび、イデオロギーが対立しあい、そして人が自分自身のことばを失いかけているこの現代にあって、日常の世界で本当の対話がはたしておこなわれうるであろうか。いま私たちが対話を回復すべきだとしたら、それこそ、ままごとのようなところから対話の回復をはからねばならないのではないか。それならば、自分自身の内奥の常世との対話を企ててみることも、あながち無用ではないであろう。むしろ、その対話を通じて人ひとりが死者を葬送することとの主体的意味を探る方が、香のかおりのいたずらに重く漂い、読経の声がむなしく耳もとを流れすぎるなかで、一定の順序に従って葬儀が進められていく現実以上に、真実なのではないか。

倫理というものは、本質的には、外にとりだしてみせることのできないものだ、そう私は考えている。私たちひとりひとりの主体をはなれたところで、あらかじめ客観的に普遍妥当性をもって存在していて、それに準拠して私たちが生きていくという性格のものではないであろう。むしろ、私たちひとりひとりが主体的にそれを生きるという性格のものであろう。葬送の倫理もまた例外ではありえまい。そういう視角から、本書は葬送を扱ってきたのである。葬送の儀礼のひとつひとつは、それなりの歴史的、また社会的な条件のもとで形成されたのにちがいない。後代になって、その条件がさほど切実なものでなくなってきても、形式としての儀礼は残存したのである。そして、それが残存するだけの意味もあったにはちがいない。けれども、葬送の倫理的な意味は儀礼の形式それ自体にはない、そのような形式を通じて死者を葬送する主体の側にある、そこを見失うべきではないと思うのだ。そこをはっきりさせたいという努力のひとつの結実として、本書をうけとってほしい。

葬送についての社会的な一種の固定観念がある。たとえばカミュが『異邦人』で描いてみせたような。刑務所に弁護士が主人公ムルソーを訪れる。弁護士は、ムルソーが母親の埋葬の日に苦痛を感じたかどうかを尋ねる。この問はムルソーを驚かせる。自分は母親を深く愛していた、それに何の意味もない、健康な人なら誰でも、多少とも、愛する者の死を期待するものだ、とムルソーは答える。弁護士は興奮して、そんなことを法廷や予審判事の部屋で口にしてはいけないと言う。ここで世間の常識を代表している弁護士からみれば、母親が死なない方がいいと被告が思っただけでは不充分なのである。やがて法廷で、ムルソーは同じような世間の常識の前に立たされる。母親が死んだ養老院で、彼が母親の顔をみようとしなかったこと、一度も涙をみせなかったこと、埋葬がすむと、母親の墓に黙禱もせず、さっさと立ち去ったこと、母親の年齢を知らなかったこと、通夜のとき母親の屍体を前にしてミルクコーヒーを飲んだこと。検事は言う、他人ならばコーヒーを勧めてもいい、しかし息子は別だ、自分を生んでくれた母親の屍体の前では、それを断るべきだと。母親の死の翌日、女友達と海水浴にいき、不まじめな関係をはじめ、喜劇映画をみて笑ったこと。検事はきめつける、この男は重罪人の心で、母親を埋葬したのだと。このような固定観念には、どこか非常な思いあがりがないであろうか。葬送する者の心のなかに土足であがりこむ権利は、誰にもない。牧師にもない。血縁の者にもない。ただその人間がその人間なりに葬送の情をもつのである。そこのところに焦点をあわせて考えてみたかったのだ。

おわりに

私は本書を水江の浦島子が神の女《をとめ》と老もせず死もせずして永き世にあったという、あの海若《わたつみ》の神の宮の内の重《へ》の妙なる殿を思い描く古人の情のことから、書きはじめた。いま終りにあたって、ふたたび、わたつみのことを語りたいと思う。

東大戦歿学生手記編集委員会の編になる『はるかなる山河に』が東大協同組合出版部から公刊されたのは、一九四七年である。三年前に私たちの国の敗北をもって終結した太平洋戦争のさなか、学業なかばに戦線に立たねばならなかった学徒兵たちが、国家という巨大な権力機構のどうのがれようもない鉄の爪に摑まれながら、どのような心を抱いて殺されていったか、それを読みとるのは単なる関心以上のものであった。まもなく結成された日本戦歿学徒手記編集委員会の手によっておびただしい量にのぼる遺稿のなかから拾いあげられた『きけわだつみのこえ』が同じ出版部から刊行されたのは、二年後の一九四九年であり、それは『はるかなる山河に』にもまして、大きな反響をよんだのである。

この二冊の遺稿集の表紙には、写真が使われている。あの波のうねりのはるかなる海界《うなさか》の底に、わたつみの世界を思い描いたのは、私だけではあるまい。『きけわだつみのこえ』では、手前の大きな岩の間の渦が遠ざかるにつれて、光のなかで大きくうねりながら、やがてはるかな水平線につらなっていく。当時の日本人の耳の底にまだなまなましく聞こえていた「海征《ゆ》かば」の旋律が、そこには映像化されていた。この海のかなたの底には、数知れぬ戦歿者の屍《かばね》が水漬《みづ》いていたのである。その死を、生き残った者は、どううけとめるべきであったか。生き残った者も、戦争の悲惨を知っていた。空襲におびえることさえ忘れた夜があった。灰燼の眼にしみる朝があった。艦載機の銃撃もあった。屍体をそれと気づかずに踏んだこともあった。

あの戦歿学徒たちの葬送は終ったのか。それはもう、かつての悪夢の一断片にすぎないのか。戦歿者たちのための慰霊の祭祀が大がかりにおこなわれ、彼らの死に責任のなかったとは言いきれぬ人たちが彼らの霊の前にぬかずいたとき、それで葬送は打ち切られたのだろうか。一九六八年、日本政府は明治百年祭を祝った。百年の近代化の歩みへの自負が、そこにはあった。しかし、明治百年は学徒出陣二十五年でもあったのだ。四分の一世紀という歳月の流れが、わたつみの声に耳をふさがせていいものだろうか。

日常の時の歩みは、すぎ去ったのちになっては、早いものである。もはや戦後ではないと語られること久しい。コンピュートピアの夢が描かれ、テクノクラシーの体制にのって未来の展望が示されている。海は今日も何事もなかったようにうねり、渚には波が単調で確実なリズムをきざみつつ寄せては返しているであろう。しかし、かつて住吉《すみのえ》の岸で浦島子を詠んだ古人のおおらかなのどけさとは別の感情が、戦歿学徒たちに思いを寄せるとき、湧きおこってこないであろうか。これは感傷ではない。この感情もまた大事だと思う。いまこの文脈でわたつみを思いながら抱いているほとんど怒りに近い気持を、私には捨てる気はない。

『きけわだつみのこえ』が大きな反響をよんだ時期、その「わだつみのこえ」に対する応答は主として、これだけの悲惨な犠牲の上でようやく訪れた平和をなんとしてでも守りぬこうとの意志となってあらわれた。その意志がたとえば学生運動の形で集結し、そこになんらかのイデオロギー的な要因が混入してきたとしても、それでもなお、学生たちの「平和を守れ」の叫びには、わたつみへの思いも強くこめられていたのである。その時点でのわたつみへの思いが、イデオロギーの対立のなかで掻き消えていまは跡形もないというようなことが、戦争を生き残った者に許されるであろうか。

住吉の岸べの砂にたたずんで、春のうららな霞のなかに常世波をみながら、わたつみのはるかな国を思った古人の時代は、いまとなっては、はるかな昔にはちがいない。しかし、いまの私たちにしても、わたつみと無縁でありえようか。あるとき、かなたに太陽が赤く、すべてを拒否する姿勢で静止し、さだかならぬ光と暗く濃い影にいろどられた雲がはてしなくつづくのを飛行機の窓からみながら、私もまた思った。この雲の下には黒い海があるであろう、かつて幾多の屍を吸いこんだ海が。そこで絶たれた若い生命のためにも、わが内なる常世とのかかわりを、私は捨ててはいけないのだと。

註

(1) 田道間守伝説——田道間守《たじまもり》(多遅摩毛理)は記紀等に登場する伝説上の人物で、垂仁天皇の命をうけて常世の国に渡り、「非時の香の木の実《ときじくのかくのこのみ》」(橘の果実)をとってきたが、その間に天皇はすでに崩御していたので、天皇の陵の前で叫び泣いて死んだ。

(2) リップ・ヴァン・ウィンクル伝説——この伝説の起源はおそらくドイツかと思われるが、今日ではアメリカの作家ワシントン・アーヴィングの『スケッチ・ブック』中の一短篇の形でよく知られている。それによれば、オランダ系アメリカ人の Rip Van Winkle が愛犬を連れて山に狩猟に行き、むかしのオランダ人の恰好をしたこびとに遭い、酒を飲んで眠ってしまう。一夜あけて帰ってみると、一夜と思ったのが実は二十年で、妻はすでに死に、村の様子も一変していた。この短篇は日本でも森鷗外の飜訳もあって、かなり多くの人に親しまれている。

(3) まれびと——まれに来るひとの意味で、まろうどとも言う。しかし、ここで「ひと」とは必ずしも人間をささない。むしろ、どこか異郷から周期的に訪れる神聖な存在であった。海のかなたから、あるいは山のかなたから来臨するそのまれびと神を客として迎え饗応するところに、まつりが成立したとも考えられる。

（4）　追儺——追儺《ついな》とは節分にともなう鬼やらいの豆まき行事であるが、古くは必ずしも節分の夜でなかったし、豆をまくとも限らなかった。上代の宮廷においては陰陽寮の役人による大晦日の行事として、鬼を桃の弓、蘆の矢、桃の杖で門外に追放したのである。この行事はおそらく陰陽道にもとづく除夜の行事であったかと思う。鬼が追放されることで夜が除かれて朝が来る、そして新しい世界、新しい歴史が開かれるのである。

（5）　猿田彦——古代神話の天孫降臨のおりに、『古事記』の記述を借りれば、「天《あめ》の八衢《やちまた》に居て、上《かみ》は高《たか》天《ま》の原を光《てら》し、下は葦原の中つ国を光《てら》す神」として猿田毘古神が登場する。「八衢」とは、四方八方へのわかれ道である。猿田彦は天（高天原）と地（葦原中国）との境で、このわかれ道に立ちふさがっていた。それは、見様によってはまれびと神の来臨に対する塞の神の抵抗でもある。

（6）　かぐや姫——『竹取物語』にはいくつかの民俗説話が吸収されているが、いまここでとくに注意しておきたいのは、なよ竹のかぐや姫が羽衣伝説の女性と同様に、本来常世人としての資格をもっていたことである。彼女は現世とは次元を異にした世界から現世に来て、現世の時間的制約のなかで成長したようにみえながらも、ふたたび現世的条件から離脱する。そのかぐや姫が現世を訪れるにあたって、依り代となったのが竹である。竹が垂直に地から天に伸びていること、しかも、竹の節と節とのあいだが中空であることの呪術的な意味が、おそらくこの物語によって最も典型的に示されている。

（7）　「賽の河原和讃」——経典には賽の河原についての典拠はなく、おそらく中世に地蔵信仰と結びついて出てきた俗信であろう。この和讃では、幼児が賽の河原で獄卒に責められながら石を積むさまを描き、幼児がそのような責苦を課せられる理由として、母親の妊娠・出産の苦しみや、育児の苦労や、子供に先立たれた父母の嘆きをあげることによって、極めて説話的な色彩が強い。

(8) 末法的危機意識——釈迦入滅後正法時千年(または五百年)、像法時千年を経て末法の時代に入るという時代区分法は、すでに八世紀ごろには日本に入っていた。釈迦入滅をいつとするか、また正法時を千年ととるか五百年ととるかで、末法第一年の算定は変ってくるが、日本精神史の上で浄土信仰の普及と絡んで一番問題になるのは、永承七年(一〇五二年)を末法第一年とする計算法である。この時期が近づくにつれて、古代律令国家が解体していく過程で、不安な社会情勢や天変地異、疫病の流行などを背景に、貴族階級のあいだに末法的危機意識が濃くなっていく。

(9) 「左臼」「一杓子飯」「一服茶」「一本花」「逆さ水」——左臼とは粉をひくのに臼を左まわしにすること、一杓子飯とは一杓子で飯を盛ること、一服茶とは茶を一杯だけしか飲まぬこと、一本花とは花を一本だけ立てること、逆さ水とは水を先に注いでおいてから湯を入れることで、いずれも凶事の例であった。本書一三七——一三八ページを参照してほしい。

(10) 黄泉戸喫——黄泉戸喫《よもつへぐい》とは、黄泉の国の火で調理した食物を食べることで、それを食べることによって黄泉の国の住人になりきってしまう。なお、本書一四一——一四二ページを参照してほしい。

(11) 法華三昧、常行三昧——法華三昧とは法華経を誦して日夜六時に六根の罪を懺悔すること、常行三昧とは九十日間つねに行を積み、口に阿弥陀仏の名号を唱え、また心に阿弥陀仏を念じることで、ともに、そのような生活態度を守ることによって極楽往生をえようとした。

(12) 十王思想——十世紀ごろに成立した中国の俗信によれば、冥界に旅立った死者は、初七日に秦広王、以後七日ごとに初江王、宋帝王、五官王、閻魔王、変成王、大山王の裁きを順次うけたのち、百カ日には平等王、一週年に都市王、三週年に五道転輪王の裁きをうけねばならない。仏事の回数を十とするのは、おそらくこの十王思想にもとづいている。

(13) 霊魂をそのおちつくべき場所に送る——葬送が霊魂をそのおちつくべき場所に送ることだという観念は、たとえばドイツ語の bestatten (葬る) にも、あらわれている。この動詞の本義は Statt (場所) に送ることとであった。

(14) 「逝く子」——大正八年に成った島木赤彦の「逝く子」のなかから、いくつかを左に引いておく。

ひたすらに面わをまもれり悲しみの心しばらく我におこらず
むらぎもの心しづまりて聞くものかわれの子どもの息終《いき》るおとを
これの世に汝《いまし》やはある吾《あ》れの子の手をとり握りひたすらにあり
幼きより生みの母親を知らずしていゆくこの子の顔をながめつ
玉きはる命のまへに欲りし水をこらへて居よと我は言ひつる
田舎の帽子かぶりて来《こ》し汝れをあはれに思ひおもかげに消えず
国遠くもちてかへりぬ画だくみがかきてたびたる吾が子の面わを

(15) 聖衆来迎——藤原道長は死にのぞんで、法成寺の阿弥陀堂で、阿弥陀仏の手とわが手とを糸で結んだといわれている。阿弥陀仏の導きで極楽往生しようとの気持のあらわれであろう。『伝説観無量寿経』では、人は最も善人である上品上生の者から最も不善な下品下生の者にいたるまで九品《くほん》の階級に区別されるが、いずれの者も念仏を誦することによって極楽に往生でき、その際、それぞれの品等に応じて阿弥陀仏以下の聖衆が迎えにきてくれるという。この聖衆来迎への期待は、日本では平安時代からの不安な情勢のなかで貴族階級のあいだに急速に拡大していった。濁世末代を意識していた者の空想力を、それは烈しくゆすったにちがいない。生前に阿弥陀仏を深く信仰した者は死に際して五色の雲がたなびき、妙なる音楽の流れるなかで諸菩薩を従えた阿弥陀仏の来迎をうける、そのさまを描いた来迎図が平安時代から鎌倉時代にかけてしきりに製作されている。

(16) ハデス——古代ギリシア人のあいだで広くおこなわれていた俗信によれば、ハデスの支配する冥府は大地の暗黒の深みにあった。そして、ハデスの名前自体、元来はアイデースまたはアイドーネウスで、「眼にみえぬもの」を意味していた。神話では、ハデスが暗黒のヘルメットをかぶると姿がみえなくなって、地上に出てきて人を冥府に連れ去ってしまう。

(17) 殯——喪の期間、遺骸とともに、あるいは遺骸の近くで、つねの住居と別の住居をしつらえて生活するという習俗はかなり広くおこなわれていた。それが喪屋であり、上代の貴族階級の呼びかたに従えば殯宮《もがりのみや》である。しかし、これは必ずしも共同体のなかで死の穢れを隔離するためばかりでない。殯の期間は肉体から遊離した霊魂がふたたび肉体に戻るかもしれない期間であり、つまりは招魂の期間であった。

著　者

久《く》野《の》　昭《あきら》

1930年、名古屋生まれ。哲学者。広島大学名誉教授、国際日本文化研究センター名誉教授。著書に『哲学の基本』(南窓社)、『異界の記憶──日本的たましいの原像を求めて』(三省堂)、『日本人の他界観』(吉川弘文館) ほかがある。

葬送の倫理
〈新装復刊版〉

〈紀伊國屋新書版〉
1969年3月31日 第1刷発行
〈新装版〉
1979年8月31日 第1刷発行
〈精選復刻 紀伊國屋新書版〉
1994年1月25日 第1刷発行
〈新装復刊版〉
2018年5月28日 第1刷発行

発行所 株式会社 紀伊國屋書店
東京都新宿区新宿 3-17-7
出版部(編集)電話 03(6910)0508
ホールセール部(営業)電話 03(6910)0519
東京都目黒区下目黒 3-7-10
郵便番号 153-8504

ISBN978-4-314-01162-4 C0039
Printed in Japan
定価は外装に表示してあります

印刷　理想社
製本　図書印刷
装幀　金 有珍